TÚ ERES EL ÉXITO

DIANNELYS ORTIZ

TÚ ERES EL EXITO

DIANNELYS ORTIZ

Caracas, Venezuela, 2018

Formato: 13,5 x 21 cms.

Nº de páginas: 112

Diseño y diagramación:
Jesús Salazar / salazjesus@gmail.com

Reservados todos los derechos.

Ni la totalidad ni parte de esta publicación pueden reproducirse, registrarse o transmitirse, por un sistema de recuperación de información, en ninguna forma ni por ningún medio, sea electrónico, mecánico, fotoquímico, magnético o electroóptico, por fotocopia, grabación o cualquier otro, sin permiso por escrito del editor.

HASHTAG

#enciendete #enciendetucolor #respirasueltafluyeyconfia #PODEROSAMENTEPOSITIVO #tuereselexito #tuereselcampeondetuvida #laguiaparalafelicidad #reddeevolucion #LAGUIADELEXITO #personaantidoto #personaarcoiris #ESTASBUENAFUNCIONAS #ESTASBUENAESTASVIVA #ACTIVAENECENDIDAYPOSITIVA #MUJERCONVIDAALEGRE #disciplinaparalafelicidad #TOQUEDECONCIENCIA #Poderosamentepositiva #filosofiatuereselexito #potenciandoalser #actitudtuereselexito #campeonesdelavida #disciplinaparalavida #ACTITUDDEAMBULANCIA #ACTITUDDELAMENTO #activatuarcoirisinterno #ENCIENDETUARCOIRISINTERNO #TEAMTUERESELEXITO #enciendetuconciencia #MAESTRIADELACONCIENCIA #vacunaantiqueja #vacunaantilamento #DiannelysOrtiz

ÍNDICE

1. PRÓLOGO — 5
2. CONVIÉRTETE EN UN GENERADOR — 9
3. ENCIÉNDETE — 15
4. ACTIVA UNA ACTITUD MENTAL PODEROSAMENTE POSITIVA — 21
5. LA DISCIPLINA COMO FORMA DE VIDA — 27
6. POTENCIA TU SER AUTÉNTICO — 39
7. TOQUE DE CONCIENCIA — 45
8. COMIENZA TU EVOLUCIÓN SOBRE RUEDAS — 51
9. CONVIÉRTETE EN UN CAMPEÓN DE LA VIDA — 59
10. ACTIVA TU ARCOIRIS INTERNO — 73
11. RED DE EVOLUCIÓN — 85

AGRADECIMIENTOS

Dedico este libro a todos los poderes de la vida que me han sostenido en este plano.

A mis abuelos in memorian por el papel que desarrollaron en mis convicciones de fe, devoción, fuerza y alegría.

A mi abuela Alida por ser un pilar incansable de fuerza, amor incondicional, voluntad e ímpetu.

A mi padre Alejo por ser mi maestro de gestión y economía emocional.

A mi segunda madre Margarita por ensenarme, disciplina, orden, belleza y arte.

A mis compañeros de escuela y universidad por bautizarme "La alegre"

A todos mis compañeros de trabajo que fueron testigos de mi labor interna.

A mi esposo José Enrique por acompañarme en este camino de conciencia, sin juzgarme aceptándome y amándome como soy.

A mis hijos Alejandra, Ángela y Ángel, por ensenarme amor, paciencia y a mantener mi orden interno.

A mis hermanos Argenis y Zulay por ser mi apoyo constante y permanente.

A mis amados amigos, estudiantes y asesorados que con sus logros me han mostrado que la vibración si cambia vidas.

A mi amigo y maestro Rubén Cedeño por ensenarme desde la sensatez, el amor por la enseñanza interna.

Gracias a mi madre por ensenarme a vivir desde la fe, a vivir con alegría a mantener el orden en mi vida gracias por ser la maestra de vida y de metafísica más grande que he tenido en mi vida.

Con amor Diannelys Ortiz

1. PRÓLOGO

Todo comenzó cuando a menos de una semana para asistir a los Juegos Parapanamericanos de Toronto 2015, tenía todo listo para realizar la cobertura de este evento, cuando a menos de una semana me suspenden la acreditación que me servía de visa para entrar al país. Motivado a esta situación, me cargué de angustia y desesperación porque iba a perder una gran oportunidad para mi profesión, sin embargo, agoté todos los recursos, a pesar que las posibilidades eran casi nulas por el poco tiempo que me quedaba para el viaje. Cuando a tan solo tres días antes de la fecha de salida, me encuentro con un decreto que realizó Diannelys Ortiz por medio de un video, "Tú eres el éxito".

Me llamó la atención por la fuerza con la que esta mujer hablaba. Era como si el viento respondía y los árboles se movían con cada palabra que expresaba. Mientras ella decretaba, algo dentro de mí se sacudió, me hizo volver a mi centro y creer que si era posible asistir. Y así fue, decreté con todas mis fuerzas, cuando al segundo recibí un mensaje de texto informándome que acreditaban mi asistencia.

Pasó un año donde seguí aprendiendo, hasta que un día coincidí en una charla de ella, donde conté mi historia la cual le alegró mucho. Allí pude conocerla, recibir su enseñanza y nació una profunda amistad, que comenzó justo después de darnos un abrazo que todavía sigue vivo en nuestras almas.

Si tuviera la oportunidad de personificar el arcoíris con alguna persona, sin duda sería la Diannelys Ortiz, mejor conocida como TÚ ERES EL ÉXITO, pero ¿Cómo puedo llegar a comparar a una mujer con el mismo arcoíris? Es aquí donde surgen más interrogantes.

Debido a eso quiero compartir la magia de una mujer cuyos logros personales respaldan la teoría de una filosofía que se diferencia de otras porque te enseña, desde la vivencia, a valorar desde el más mínimo detalle de tu existencia, logres ser agradecido a cada segundo, ya que el milagro de la vida y la existencia eres tú mismo. Para ella el ARCOIRIS lo resume todo. Representa lo maravilloso de la vida visible en esta realidad 3D.

En términos metafísicos los colores representan las virtudes o cualidades divinas del Yo Soy, mismas que ya están en nosotros y por ende podemos poner en práctica y manifestar con la fuerza del mismo Sol.

Diannelys encontró a través de las redes sociales, específicamente el Instagram, una vía de acceso para llegar a la conciencia de muchas personas, quizás más de las que ella misma nunca imaginó, personas de diferentes países, culturas, religiones y entre ellas yo Carlos Rizki.

Se trata de algo inexplicable que sucede al leer "Tú Eres el Éxito", si tú mismo causas en ti un despertar de procesos internos y sensaciones de empoderamiento, simplemente te convence de creértelo, reforzado por todo lo que te hace ver a través de sus enseñanzas que definitivamente antes no eras capaz de ver con los ojos de la conciencia, como por ejemplo, reconocer firmemente que estás vivo y por esa sola razón estás bueno, porque todo te funciona, tienes las piernas , tienes los brazos, tienes el cuerpo.

No hay minuto ni espacio para la queja si te haces totalmente consciente de todo lo que tiene que suceder, para que tu cuerpo solo te sostenga las 24 horas del día. Es aquí donde hubo un click en mi propia conciencia, ya que como Periodista especializado en Deporte Paralímpico y habiendo conocido innumerables historias de personas, en algunas ocasiones amputadas de algún miembro o de ambos con algún tipo de parálisis, en silla de ruedas e invidentes, tienen la capacidad y el poder interno de desafiar sus propios límites y llegar a la meta máxima de cualquier atleta, en estos casos unos Juegos Paralímpicos y convertirse en los mejores del mundo ganando medallas y trofeos.

Es en este punto donde me enamoro de la filosofía "Tú eres el éxito", porque es algo que siempre me acompañaba, incluso con el ejemplo de mi madre Zuray Marcano, a quien nunca la dejaron practicar deporte, porque a los 6 meses de nacida padeció de Polio y para pasar la materia de Educación Física, realizaba las funciones de la anotadora. Años más tarde, aquella niña anotadora que nunca dejaron hacer deporte gracias a su disciplina y concentración de su ser interno, llegó a Los Juegos Paralímpicos de Sídney 2000 y 16 años más tarde a los de Río 2016 con 62 años. Acompañada con las enseñanzas de Diannelys Ortiz, QUE NO SOLO ES MI MAESTRA, es mi amiga. Con su auténtica personalidad, este libro trae para ti una llave mágica, para que te adentres en tu ser interno y te encuentres con todo lo maravilloso que ya tú eres, deja de buscar afuera lo que ya tienes dentro, a través de títulos que sacó de sus vivencias.

Una vez que leas cada capítulo escrito de la mano y puño de la misma Diannelys, decídete a transformarte por completo y a tomar las riendas de tu vida para que te conviertas en ese ser maravilloso que está a punto de nacer después que leas este libro y no olvides felicitarte porque ya Tú ERES EL ÉXITO.

2. CONVIÉRTETE EN UN GENERADOR

Muchas veces me preguntan qué me inspira a escribir, enseñar y ser tan positiva. Mucho se sorprenderán, pero me inspira el pesimismo, la apatía, la preocupación, la queja, y todo esto lo observo en la vida. Cómo se adelantan al futuro y no se enfocan en atender detenidamente su presente. Eso siempre me ha facultado para usar decretos, que son palabras de poder que me han ayudado a crear la realidad que quiero ver y manifestar en todo momento.

Eso me inspiró a crear esta filosofía y este método de vida llamado TÚ ERES EL ÉXITO, en él he tenido que experimentar un camino de aprendizaje muy largo que inició a los ocho años. Vengo de una familia oriental venezolana muy alegre. Mi padre fue reconocido por el Gobernador como el hombre Más Alegre de Maturín, ciudad de donde soy y mi madre constantemente es galardonada por su optimismo, empuje y entusiasmo constante, llamada por sus amigos La Millonaria.

Fui educada por mi abuela Alida, mujer de una FE y devoción inquebrantable, con una fuerza indetenible. Estos valores fueron los que formaron mi vida, no fue fácil, sin embargo, puedo reconocer e identificar para aprender de cada situación y cada momento.

Soy Atleta profesional de alto rendimiento en levantamiento de pesas, modalidad potencia campeona del Municipio Chacao, Caracas, con un récord de 225 kg en sentadillas. Pertenecí a la selección de patinaje de Venezuela, colocándome siempre en los primeros lugares. Aquí comencé a trabajar la fuerza, la disciplina y la voluntad constante, aprender a dominar, a ser fuerte en el mundo físico para pasar a campos más sutiles. Estas experiencias me impulsaron a poner en práctica en mí misma, el poder de la mente, la visualización y el logro.

Laborar y vivir en lugares donde abundaba la queja y el pesimismo me entrenó para estar en mí y no perderme en la negatividad. Me movió tanto por dentro, que todos los días buscaba palabras para alegrarle la vida a las personas. Viví en tres mundos simultáneamente, el de la belleza, el deporte y el de las leyes. Estar allí me ayudó a formarme. Pude ver que había mucho sufrimiento en personas que tenían todo y no hacían nada, solamente quejarse, sin embargo, yo con poco iba haciendo todo.

Estar en el patinaje y las pesas me capacitó para estar alineada en mí, seguir mi pensamiento alineado a mi intuición, para lograr dominar objetos y pesos externos con mi fuerza interna.

Tuve que hacer muchos esfuerzos para lograr las cosas, con todo y eso mi rostro mostraba una sonrisa que lo liberaba todo, pues me estaba construyendo a mí misma.

Laborar en una peluquería me hizo comprender que la mayoría de las personas no se aman a sí mismas. También pude darme cuenta que los pensamientos y las palabras tienen olor, ya que cuando me tocaba lavar las cabezas de las personas más quejumbrosas, ¡me espantaba su mal olor!

Logré ser juez, lugar donde aprendí mucho, sobre todo a no juzgar. También fui fiscal, no me gustó serlo pues no me gusta señalar a nadie, allí duré poco tiempo.

Igualmente fui asesora telefónica, lugar maravilloso donde aprendí a gestionar mis emociones y a no reaccionar, sino más bien a transformar a las personas, y mientras mis colegas se quejaban porque el trabajo era repetitivo en el cual no se aprendía nada, yo utilizaba cada llamada que eran más de 100 al día para entrenarme emocional y mentalmente, siendo en vivo una convertidora de lo negativo en positivo.

Todo este camino me ayudó a construir el método Tú Eres el Éxito. Donde fui capaz de fusionar el desarrollo de la conciencia con la disciplina del deporte de alto rendimiento.

Desde niña fui feliz con poco, me encantaba contemplar el sol, estar descalza, tener muchos amigos y a su vez estar sola. Una de mis actividades preferidas era leer, me encantaba, ¡Cómo lo disfrutaba!

Trabajé desde los 8 años con responsabilidad de horarios y todo. Fui educada con tecnología japonesa y con sabor venezolano. ¿Por qué tecnología japonesa? Porque el orden, la disciplina y la responsabilidad interna fueron las premisas con que me educó mi madre.

Siempre me importó la felicidad de las personas. Mi madre me enseñó a ser amable por convicción, me propuse que nadie que pasara por mi camino podría irse igual. Mi misión era dejarlo contento, hacer que estudiara, que encontrara su propósito en la vida y lo mejor ¡LO LOGRABA!

Así continué. A medida que fui madurando pasé por el divorcio de mis padres, fue muy fuerte. De allí nos mudamos muchas veces. La salud de mi madre se quebrantó con tantas cosas. Observé que se olvidó de sí misma, luego empezó a ocuparse de ella y su salud comenzó a mejorarse. Dejó todo lo que la enfermaba, personas, lugares y situaciones.

Observar todo eso que sucedía afuera me hizo ver qué sucedía en mí cuando veía, escuchaba y sentía la negatividad. Justo en ese instante, cuando ocurre la negatividad, es cuando sale a la luz y se manifiesta el entrenamiento, la disciplina y el orden mental que he tenido durante años en mi vida, de sólo observar ver lo bueno de cada situación, circunstancia y momento.

He trabajado mucho en mí. Viví muchas situaciones dolorosas en las que tuve que trabajar el proceso de perdonar y sanar un divorcio de mis padres y el mío propio, maltratos, abandono.

Vivir esos procesos con conciencia, me enseñaron a VALORAR lo importante. A observar que estamos vivos, porque si no estuviera viva no pudiera ver nada de lo que está sucediendo así sea negativo. Por lo tanto, al observar la grandeza de la vida, los problemas o las cosas que los demás ven como problemas, se empequeñecen porque le doy poder a lo verdaderamente grande. ¡La vida!, de no estar viva, no pudiera ver ninguna de esas circunstancias.

Tú eres el Éxito, es trasladar la disciplina constante y continua del deporte de alta competencia a la vida cotidiana, a cada momento es lograr captar la oportunidad en la dificultad, es mantenerte activo, encendido, positivo, consciente, presente en ti pase lo que pase y venga lo que venga. Es lograr tener, mantener y sostener en ti la actitud de victoria, porque ya tú eres el éxito.

Por eso sigue adelante y sé tú, no le tengas miedo a las críticas, teme dejar de ser tú. Me criticaron por ir a mi trabajo en moto, por mi cabello, por mis colores. Acá estoy enseñando sobre conciencia vestida de mí misma, sin dogmas ni teorías ocultas te muestro mi vida. Todo en mi vida ha tenido una razón. Las razones porque me visto de magia y de colores es para que tu veas y crees la magia en este plano físico. Te lo dice con poder y propiedad la generadora de felicidad, extinguidora de egos y encendedora de conciencia Diannelys Ortiz. Te invito a desarrollar la maestría de tu conciencia, estas aquí para potenciar tu ser y conquistarte a ti mismo.

Llegó la hora de comprender que tú ya eres el éxito

En el momento que decidiste leer este libro te has metido en el campo de las posibilidades, ya que a través de sus párrafos podrás entrar a un portal de energía y amor donde cada línea que leas, impactará tu conciencia de manera positiva.

¿Cómo lo vas a hacer? Con tu compromiso responsable por medio de un entrenamiento disciplinado y consciente, para lograr vivir una vida plena llena de bondad, comprensión y profundidad.

Donde alcanzarás vivir cada momento al máximo, disfrutando cada instante de ti mismo. Por eso, acá dejaré herramientas prácticas, fáciles y sencillas que te ayudarán a conectarte con ese poder.

Años de condicionamiento obsoleto, nos han hecho pensar que la vida es difícil, dura y fuerte.

Se nos olvida que la vida es la pureza de vivir lo sencillo del instante, que a cada rato nos perdemos de vivir la vida, por estar distraídos en pensamientos que nos dispersan del instante presente que es vivir.

Cada día, la vida nos da la oportunidad de comenzar de nuevo, estando en nosotros el poder de vivir en la plenitud del agradecimiento o en la estrechez de la queja.

Este entrenamiento disciplinado y sostenido en conciencia te recordaremos como hacerlo.

3. ENCIÉNDETE

¿Qué es enciéndete?

Es prender el poder de tu vida y tu atención, dándote cuenta de la verdad que eres, ubicando en acción tu conciencia.

Ver lo que hay dentro de ti, utilizando todos tus recursos internos, el conocimiento, tus sentimientos, palabras y acciones en una misma dirección.

Es utilizar toda la energía de tu ser, en función de tu propósito de lo que te hace vivir pleno, lo que te hace vivir lleno de paz.

Encender es activar tu cuerpo de luz, meter la llave en el motor universal que mueve tu vida.

Todo dispositivo para entrar en funcionamiento requiere que lo enciendas; así mismo hoy vas a encender la luz de tu mente, vas a encender la máquina de tus pensamientos positivos para alcanzar actitudes que hagan funcionar tu vida.

Por eso es importante que te respondas esto:

¿Has descubierto qué te hace sentir pleno?

¿Cómo te conectas contigo y con los deseos más puros de tu alma, de tu vida, de tu ser?

¿Te pierdes en los pensamientos?

¿Te pasas la vida complaciendo a todo el mundo, ayudando a todos y te olvidas de ti?

Es hora de verte frente a frente, de tener un encuentro cercano contigo, porque muchas veces nuestra luz se opaca porque necesitamos de nuestra propia atención.

¿Desde cuándo no tienes una cita contigo?

¿Desde cuándo no te acompañas?

¿Desde cuándo no te complaces a ti?

¿Cuándo dejaste de ser tú por el miedo al qué dirán?

Tu luz se mantiene ENCENDIDA cuando vuelves tu mirada a ti mismo, decidiendo ocupar toda tu energía en ti. De esta manera enfocas tu mirada al AMOR por ti mismo, es el amor por la vida, es el amor al ser sagrado que habita dentro de ti.

ENCIÉNDETE es poner la lupa hacia adentro para que la luz se EXPANDA e ilumine todo nuestro ser interior.

ENCIÉNDETE es volar con las alas propias hacia el cielo interno, es la única manera de descubrir el universo. Encendernos nos permite llevar toda la energía cósmica dentro de nosotros, impulsándonos a lograr todos nuestros objetivos, metas y desafíos, con amor pleno, poder y libertad, tomando el dominio de la vida y decidiendo LOGRAR ser victoriosos.

Estar encendidos es elegir vivir, ser y conectar con el poder de la vida que solamente no los da el vivir desde la verdadera conexión con el ALMA y con el AMOR que sentimos por nosotros mismos.

Pero ¿Cómo logro encenderme? Es un proceso que comienza con una decisión comprometida, de casarnos con nosotros mismos. Todo empieza por un SÍ a nosotros, un SÍ a amarnos como somos, procurando laborar desde el AMOR todos nuestros procesos internos, dejando de un lado LA LUCHA y LAS BATALLAS que solamente nos llevan al sufrimiento, refugiándose en la compasión, viéndonos a nosotros mismos como la persona que más amamos, ¿tú ves al que amas con ODIO o le ves sus defectos y lo condenas?

Lo que te propongo es comenzar a verte a ti mismo con los ojos del ALMA, y empezar a moverte en la dirección de lo que sueñas hacer de ti.

Encenderse es despertar

Despertar a una vida de Amor, ya bastante hemos vivido una vida de crítica, miedo, rabia y resentimiento, con eso no hemos logrado nada, entonces, cualquier día es bueno para comenzar a mirar hacia adentro e intentar empezar a reconocernos como seres de Amor que somos, como los ojos de una madre que ve a su hijo en brazos, con esa misma dulzura, pero que al igual impulsa, motiva e incentiva al niño a caminar con amor y lo levanta todas las veces que se cae sin señalarlo, ¿será que tú puedes ver así?

El miedo y la crítica te apagan, es importante que empieces a mirarte con Compasión, no quiere decir lástima, es un lenguaje del amor que nos facilita nuestra propia comprensión que a veces se nos hace tan dura y es esa falta de comprensión en el proceso lo que nos estanca en nuestra evolución.

Evolución que se hace posible gracias a esa decisión que nos hace tomar conciencia de nuestro estado natural a plenitud, de lo importante que somos para nosotros mismos, de los que nos necesitamos para avanzar, de esta manera si ocupamos nuestra vida en CULPARNOS y LAMENTARNOS no vamos a lograr nada.

Es por eso que diseñé un sistema práctico, puede que te de risa, pero es muy práctico utilizarlo.

Empieza a vigilarte y conviértete en tu propio detective

Vigila tu actitud y detecta cuando estás en Actitud de Ambulancia o Actitud de Víctima, quejándote por todo, llegando a todo lugar, llevando y llenándote de emergencias y pocas veces te ocupas de lo importante, TÚ MISMO. Así solo logras apagarte. Cuando vives de esta forma con una actitud de lamento, en una constante queja, lo que haces es absorberte, nublar todas las oportunidades que hay en tu vida.

Cuando te observes así sacúdete, levántate, párate firme y observa el panorama, aplícate la VACUNA ANTIQUEJA. ¿Cómo se hace? Bueno, toca tu cuerpo, observa que estas vivo, respira, reconoce que funciona y haz como que te vas a poner una inyección. Estira tu brazo, respira, te la pones y MENTALÍZATE para ver lo bueno de todo, conviértete en una Persona Solución, vive cada momento con una actitud de CREADOR que hace de todo lo que sucede un acto de amor, no por lo que pasa afuera si no por lo que sucede en el interior.

Estos ejercicios son efectivos para nuestra mente, ya que nos ayudan a enfocarnos en el ahora, permitiendo que nuestra mente concreta se convenza de esta nueva verdad.

DECRETA "Yo Soy el poder de la luz activo en mí, actuando, viviendo y sintiendo en todo momento y lugar".

Me convierto en una persona solución, que se eleva con su luz de todo lo que intente oscurecer, lo ilumina con la luz de su corazón, vive con actitud de calma, aprecia todo lo que existe, porque ha aprendido a apreciar su corazón.

¿Has hecho la tarea de apreciarte a ti?
¿Cuántas veces te das valor?
¿Cómo te valoras?

Son preguntas que hay que responderse, porque si no, vivimos Apagados, ya basta de sabotear nuestra luz, hay que poner el ojo, la linterna y la lupa hacia adentro para averiguar y descubrir que nos gusta, que nos hace felices, que nos hace brillar aunque todo esté oscuro. Por eso estamos acá, para descubrir esa verdad dentro de nosotros y ver desde el SER esa verdad que nos hace palpitar el alma y nos permite vivir encendidos, mostrando a la vida la verdad que llevamos en el alma.

EL PODER CÓSMICO DEL UNIVERSO FLUYE
DENTRO DE TÍ

Asume tu luz, ¿te apagas cuando dudas de tu naturaleza abundante y de tu propia grandeza?

La duda es el extintor de tu luz. CONFIA EN TI

4. ACTIVA UNA ACTITUD MENTAL PODEROSAMENTE POSITIVA

Ya sabemos que todo comienza en la mente, pero ahora te pregunto:

¿Cómo piensas de ti ahora?
¿Qué piensas de lo que sucede a tu alrededor?
¿Te gusta tu vida?

Dependiendo de cómo hayas respondido podemos saber la calidad de tus pensamientos y de lo que realmente estás enviando a tu vida. Tu mente es como un retroproyector o una gran impresora, va a reproducir lo que tú tienes dentro de ella, va a RECONOCER, IDENTIFICAR Y MANIFESTAR lo que está dentro de ti.

Pero la buena noticia, si lo que estás viendo ahora no te gusta, TÚ puedes en este momento decidir cambiar tu manera de pensar y ese cambio te ayudará a ver mejor las cosas.

Disciplinada-Mente
Constante-Mente
Consciente-Mente
Entrena tu Mente

Has probado vivir enfocado en Agradecer lo que ya tienes, si no tienes NADA, que lo dudo mucho, puedes comenzar a agradecer que tienes LA VIDA, que a partir de allí todo puede ser posible.

Aquí en este punto te regalo este decreto "Yo Soy la inteligencia que me conecta con la sabiduría de la vida."

A partir de aquí estás creando un antes y un después, ya has decidido conectarte con el poder inteligente de la vida, ese mismo poder que ya está dentro de ti pero lo tenías apagado, pensando en lo que no tienes. En este momento tienes que hacer de tu mirada un CONVERTIDOR siendo capaz de ver lo bueno en toda situación, vivir enfocado en el presente, hacerte consciente que todo parte de cómo estás pensando de la vida y de ti mismo.

Ahora mismo responde:

¿Pienso desde el amor o la duda?

¿Pienso desde la abundancia o la carencia?

¿Pienso desde la alegría o la tristeza?

¿Pienso desde la paz o la guerra?

¿Pienso desde el miedo o desde la confianza?

¿Pienso desde la enfermedad o la salud?

¿Pienso desde el dolor o desde el sosiego?

¿Pienso desde la culpa o desde la tranquilidad?

¿Pienso desde la libertad o de ser presa de sí misma?

Cuando te miras al espejo, ¿ves que tienes piernas o tienes celulitis? ¿ves que tienes barriga o que tienes vida?

De cómo estoy pensando hoy, será mi vida de mañana. Todo está en mí, ya no tengo a quien culpar. Decido ser poderoso y vivir con ACTITUD DE CREADOR de mi propia vida.

Hoy tengo y manifiesto una vida PODEROSAMENTE POSITIVA.

Yo creo en mí y me comprometo a:

Pensar desde el amor, para manifestar amor en mi vida.

Pensar desde la abundancia, para manifestar prosperidad en mi vida.

Pensar desde la alegría, para manifestar bienestar y entusiasmo en mi vida.

Pensar desde la paz, para manifestar la tranquilidad y fluidez en mi vida.

Pensar desde la confianza, para vivir en las soluciones de todo en mi vida.

Pensar desde la salud, para manifestar curación en todos los aspectos de mi vida.

Pensar desde la compasión, para vivir la comprensión de la vida.

Pensar desde la libertad, para manifestar en todo su esplendor la magia de mi ser.

Pienso el bien y el me sucede donde quiera que voy, veo el bien que he creado en mí y es la verdad que YO SOY.

Yo elijo hacer desaparecer todas esas creencias que me alejan de mi verdadera esencia que es la luz que me hace sentir que ya soy el éxito, porque estoy vivo, reconocer la magnitud de la vida me hace sentir feliz.

Me programo EFICAZ, EFICIENTE y EFECTIVAMENTE para VER, RECONOCER y MANIFESTAR todo lo bueno en mi vida.

Sin embargo, se necesita para eso tu disposición, tus ganas, tu decisión disciplinada, de Tener, Mantener y Sostener un Pensamiento Puro, porque cualquiera puede ser positivo por un momento, la grandeza esta en mantener y sostener una actitud mental positiva, la mayor parte del tiempo que se logra cuando activas tu Detective Interno, que está atento a cómo estás pensando, sintiendo, cada momento de tu vida, teniendo claro que en este camino de la evolución continua hay que estar presentes y atentos a lo que pasa en nosotros para poder vivir plenos y lograr la plenitud del alma.

Empieza a reconocerte como exitoso, como triunfador y merecedor de la vida que sueñas ahora.

Para eso es importante que revises tu vocabulario cada instante de tu vida. Te recomiendo un ejercicio que me ha servido mucho. Haz un abecedario con todas las palabras positivas y deletrea nombrando cada palabra como muestro en el ejemplo:

A	de amor	**I**	de inteligente	**R**	de respeto
B	de bueno	**J**	de júbilo	**S**	de sonrisa
C	de cariño	**K**	de kinestésico	**T**	de triunfo
D	de disciplina	**L**	de logro	**U**	de único
E	de entusiasmo	**M**	de maravilla	**V**	de victoria
F	de feliz	**N**	de nacimiento	**W**	de wifi
G	de genial	**O**	de ocaso	**Y**	de yo
H	de hermoso	**P**	de poder	**Z**	de zumba
		Q	de quiero		

Ilumina tu verbo

Realizar este sencillo ejercicio de identificar, definir y marcar las palabras, va causando un cambio Bioquímico en nuestro cerebro, creando una nueva estructura mental basada en el significado de cada letra, motivado a la carga de conciencia positiva colocada en cada letra, lo que hace que cada palabra pronunciada esté Iluminada.

Hacer de nuestras palabras un derroche de luz, sentir y expresar cada palabra de una energía electromagnética que carga todo nuestro ser de Alta Energía, hace que todo lo que esté cerca de nosotros se cargue de ese poder consciente que llevamos dentro.

Qué te parece si te digo que cada palabra es como una batería que se carga desde tu nivel de conciencia logrando ver la luz en todo con la disciplina de lograrlo en ti. Imagina que cargas con tu manera de pensar cada palabra, entonces queda claro que tú decides qué energía ponerle a lo que piensas, dices y haces.

"Tu energía cambia tu vida"

Es por eso que tienes que mantenerte vigilante y tener tu detective interno activo, atento a cualquier pensamiento que intente limitarte de tu verdad, el ÉXITO.

El éxito consiste en ser tú y en disfrutarte, no depende de lo que logras, depende de lo que eres, es una condición presente en ti desde que naces, es tu verdad. El éxito es una actitud ante la vida.

5. LA DISCIPLINA COMO FORMA DE VIDA

Vivir con disciplina para la vida, es usar todos nuestros recursos internos para ir hacia nosotros, aprender a conocernos para lograr ordenar nuestras prioridades y poder descubrir eso que nos hace felices.

Solo cuando nos conocemos podemos saber lo que es vivir en una felicidad constante.

Nos atrevemos a hacer el deporte más peligroso que muy pocos valientes se atreven a hacer, descubrir la verdad de su alma que es única y proyectarla.

Empieza una actividad de orden interno que establece prioridades que nos llevan a preguntarnos ¿Quién soy? ¿Qué me gusta hacer? ¿Qué me hace feliz? Y a partir de allí comenzar primero por saber quiénes somos y qué nos hace felices.

Solo podemos ser poderosamente positivos cuando:

Nos observamos

Nos conocemos

Nos reconocemos

Conocernos nos conducirá a mantener en orden nuestra vida colocando en práctica una conciencia encendida. Una observación permanente nos llevará a tener una vida con PODER EN LA MENTE.

Visualicemos que somos como una casa, si no sabemos lo que tiene, para qué se usa, para qué sirve, si no nos ocupamos de conocerla y recorrer cada una de las habitaciones, de saber todo lo que hay allí, pocas posibilidades tendremos de disfrutarla y mucho menos de poner todo en orden.

Para poner nuestra casa interna en orden tenemos que conocerla para colocar diariamente cada cosa en su lugar.

Ahora, si nuestra casa interna no está recorrida, no nos hemos ocupado de conocerla y por ende ponerla en orden, pocas posibilidades tendremos de vivir cómodamente en ella, pues nos hallaremos perdidos. Esto es lo que hace la mayoría, se distrae viendo lo que hacen afuera, buscando las comodidades en otro lugar, cuando el confort de la vida lo llevamos dentro.

Cuando te conoces y te haces dueño de tu casa, vigilas todo lo que sale y entra de ella. Solo dejas que en tu casa entre lo que lleve luz, lo que te haga bien, eso que te permite crecer y avanzar para lograr tus metas.

Al lograr poner en práctica este entrenamiento sistematizado de vigilancia y conocimiento interno nos encaminará a un camino denominado:

Disciplina para la felicidad

Esta disciplina es para las personas que se comprometen cada instante, son ellos mismos, no tienen miedo a las críticas pues conocen cada parte de su ser.

Ayuda a descubrir seres libres, seres que se conocen a sí mismos, seres íntegros. Aplicando a totalidad la disciplina, tal cual como lo hace un atleta que va a las olimpiadas, así mismo sabiendo que todo lo que haga, es lo que lo llevará a obtener la medalla de ORO.

Cuando se dice todo es todo, un atleta olímpico cuida todo lo que sale y entra a él, tiene que mantenerse enfocado en él, en lo que hace, ya que sabe que en su desempeño del día a día y de su entrenamiento dependerá la VICTORIA.

Por lo tanto, nosotros podemos llevar esa disciplina a nuestra vida para ganar el ORO DE LA CONCIENCIA. Vivir cada instante con felicidad.

Porque para ser campeones de la vida hay que ENTRENAR EN NUESTRO SILENCIO todos los días. Lo que un atleta entrena en silencio se le nota en público. Entonces esto es un camino de evolución permanente que no se acaba sino que cada día se RENUEVA con nuestra decisión. En cada despertar se abre una puerta a nuestra posibilidad del SER.

¿Y cómo lo puedes hacer?

Puedes empezar a prestar atención a todo lo que sucede a tu alrededor, sin descuidar lo que sientes dentro de ti.

Podemos hacer un ejercicio con los colores:

Cada vez que veas un color prepárate para ver, reconocer y pensar la actitud de ese color.

Esta actividad nos permite afinar la mente y reconocer la virtud y nos cargaremos con ella.

Ejemplo:

Extraído de los libros: *Pilares. Primer texto de enseñanza espiritual* de **Rubén Cedeño** y *Meditaciones diarias* de **Thomas Printz**

LA VIDA ES ALEGRÍA

Y así mismo, al ser cada virtud, si encendemos nuestra conciencia para reconocer la virtud, nuestra energía irá dando saltos cuánticos de evolución.

El color azul: Cuando observes este color conectate con el poder de la vida y decreta, Respiro y traigo a mi conciencia que "YO SOY LA FUERZA, EL PODER Y LA PROTECCIÓN DE LA VIDA, QUE TODO ESTÁ BIEN."

El color dorado o amarillo: Cuando veas este color conéctate con la inteligencia del universo y decreta "YO SOY LA SABIDURÍA Y CADA MOMENTO ACTÚA CON DISCERNIMIENTO EN MI VIDA", para reconocer la maravilla inteligente en lo cotidiano y lo maravilloso de la vida.

El color rosa: Cada vez que mires el color rosa conéctate con el amor de la vida y decreta, Respiro y siento el amor del universo bailando en todo mi ser "YO SOY LA UNIDAD CONSCIENTE Y COHERENTE DE TODA LA BUENA COMUNICACIÓN DE LA VIDA". "YO SOY ATRAYENDO RELACIONES DE LUZ Y ARMONÍA A MI VIDA".

El color blanco: Cada vez que veas el color blanco conéctate con la pureza de la vida y decreta, respira Reconozco que "YO SOY LA ARMONÍA DE LA VIDA, YO SOY MANIFESTANDO PENSAMIENTOS PUROS QUE ME LLEVAN A MI EVOLUCIÓN".

El color verde: Nos recuerda la alegría, entonces enfoca tu mente y decreta "YO SOY LA ALEGRÍA DE ESTAR VIVO". Cada vez que veamos el color verde en muchas partes, afinamos la mente a reconocer con virtud y nos cargaremos de ella.

El color oro rubí: Cada vez que veas el color naranja conéctate con la prosperidad que eres, respira y decreta Manifiesto mi abundancia "YO SOY LA PAZ QUE HACE QUE MI PROSPERIDAD SE MANIFIESTE TRAYENDO TODO LO QUE NECESITO CUANDO LO NECESITO".

El color violeta: Cada vez que veas el color morado conéctate con el perdón y la libertad de la existencia, respira, reconoce en ti y decreta "YO SOY LA MAGIA DE LA TRANSFORMACIÓN MANIFESTANDO SIEMPRE SOLUCIÓN EN MI VIDA, QUE ME HACE VIVIR EN PLENA Y TOTAL LIBERTAD".

Todas estas representaciones nos hacen estar alertas y vivir en meditación activa, contemplando en todo y en todos.

El color está en todas partes, si cada vez que veo un lugar voy haciendo estos reconocimientos, la vida total se vuelve un arcoíris de amor donde todo trae respuestas a nuestro estado interno. Esta meditación activa nos mantiene atentos y alertas de todo cuanto sucede a través y alrededor de nosotros.

Es una disciplina activa que nos permite poner en práctica la sabiduría de la vida en acción.

Teniendo claro que solo podemos ser campeones si estamos dispuestos a tener una atención sostenida, constante y consciente con nosotros mismos, no hay instante que no sea importante en nuestro diario vivir y actuar.

Cuando atendemos a nuestra conciencia comprendemos que nuestro corazón demanda energía nuclear y nuestra mente energía eléctrica.

Somos "Energía, frecuencia y vibración" como lo dice Nikola Tesla.

Al utilizar eficaz, eficiente y efectivamente nuestra Energía, nuestro poder se triplica, pues combinamos la potencia del corazón. Con el alcance de la mente imagina que el corazón tiene la fuerza para tener arriba mil toneladas y la mente tiene el poder de llevarla donde tú se lo permites, recuerda que tú mandas.

Decide vivir una vida Activa / Encendida y Positiva

Entonces la disciplina consiste en Tener, Mantener y Sostener (T.M.S) la unidad entre lo que sientes con el corazón lleno de entusiasmo y proyectarlo con seguridad desde la mente.

Recuerda que para el corazón todo es posible y es a veces nuestra falta de disciplina mental la que bloquea el bien que está por manifestarse.

Por eso esta disciplina nos lleva todos los días y a cada momento a limpiarnos por dentro, a despegarnos de todo lo que ya no funciona y no fluye en nuestras vidas.

Vivir con disciplina para la vida es hacer limpieza interna diaria de las culpas, los miedos, los rencores. Es perdonar para poder avanzar.

Cada gramo de culpa representa toneladas de peso para el alma, fuimos programados para vivir en culpa, para complacer, para hacer felices a los demás a costa de nuestra propia alegría.

Hay que poner orden interno, establecernos como prioridad, colocar límites y sembrar orden. La vida requiere reglas y esas reglas en este juego de vivir, tienen que estar claras para poder experimentar paz, alegría, felicidad y libertad, que solo se manifiestan si somos respetuosos con la vida total.

Se requiere de alta dosis de compromiso responsable para vivir en felicidad constante. Es un compromiso continuo con nuestra evolución, es una responsabilidad con nuestra alma, que influye en todo nuestro ser.

Cuéntame, ¿Cuánto te dura una rabia?

¿Cuánto te dura el mal humor?

¿Cómo te comportas cuando las cosas no te salen como tú quieres?

¿Cuántas rabias agarras al día?

Si yo te digo que las rabias, el mal humor, la queja, te duren lo que dura expulsar un gas. FILOSOFÍA DEL PEO, sé que te vas a reír, pero es muy cierta, nuestro cuerpo nos enseña la Sabiduría Orgánica, podemos estar atentos a nuestra propia Inteligencia, pero como no nos observamos, no logramos ver esa Sabiduría Inteligente que nuestro cuerpo nos muestra.

Observa como es soltar un gas corporal.

Suelta- Suena – Desaparece.

Es una muestra de que con las rabias podemos hacer eso mismo, al soltar el gas, que llevas dentro, sueltas esa incomodidad que tienes y muchas veces huele mal, la gente se ríe y ¿qué pasa al final? Nada, soltaste algo que no hacía nada productivo en ti.

Así mismo lo puedes hacer con la rabia, la puedes sentir, la sueltas, dices lo que tienes que decir sin dañar a nadie y no te quedas con ella eternamente por dentro, causándote molestia y dolor. Con la conciencia de lo que no sueltas, se estanca y lo que se estanca se pudre.

También encontramos LA FILOSOFÍA DEL MOJÓN. Imagina que comes la comida más rica del mundo, no la puedes retener en ti eternamente, todo pasa por su proceso de digestión y aprovechamiento, entonces ¿por qué te empeñas en retener rabia, odio, miedo, relaciones que no funcionan? Suelta, desapegate, límpiate y sigue adelante o acaso conoces a alguien que odie a su pupú.

Ser responsables con nuestra energía nos hace invencibles. utiliza tu inteligencia sensorial, siente lo que pasa en ti y por ti.

Darnos este lugar a nosotros, nos llena de poder, pues nos volvemos atentos y aprendemos de nuestra propia Sabiduría Orgánica. Tenemos una inteligencia física, que nos emite síntomas y formas de hacer las cosas, pero las sub-valoramos por estar viendo hacia afuera, cuando nuestro propio cuerpo nos habla.

Acaso no observas que tu cuerpo cada vez que comes, utiliza y absorbe los nutrientes que necesita y desecha todo lo que no produce Energía. ¿Por qué tu mente no hace lo mismo?

Practica el desapego, con tus pensamientos puedes hacer lo mismo, selecciona lo que es productivo y funcional. Desecha, convierte y transforma lo que no es de utilidad. Tu mente es el laboratorio donde se produce tu salud y es el centro farmacéutico más grande del universo.

Tus propios pensamientos producen la química que necesitas para vivir pleno y feliz.

Está en ti cada día disciplinadamente establecer los comandos para que tu computadora interna, resuelva tu vida.

Activa todos los días tu detective interno, observa, cada comportamiento recuerda que impactan tu vida, todo influye, tu lenguaje corporal envía un mensaje al universo y recuerda que es tu energía más sincera la que mueve tus deseos.

Ejemplo: Decir, "YO SOY VALIOSO" y pronunciarlo con apatía. En cambio decir, "YO SOY VALIOSO" y decirlo con entusiasmo y fuerza.

De esa forma puedes comenzar a generar una energía de cambio, apoyada en tu forma de moverte, así sumamos el pensamiento, la palabra, el sentimiento y la acción.

Hazlo todas las veces que puedas hasta que logres hacerlo con toda la congruencia energética y produzcas la manifestación.

Aquí estamos desarrollando campeones de la vida, por lo tanto tienes que actuar como tal.

¿Cómo crees que actúa un campeón?

¿Cómo pone su rostro?

¿Cómo camina?

En fin, ¿Cómo es su lenguaje corporal?

En la disciplina para la vida hay que vivir, ser y manifestar una actitud congruente, con lo que se desea lograr pues ese comportamiento trae al plano físico la conciencia de que puede ser posible ganar la medalla de oro en todo momento mientras somos lo que decimos.

Vigila el movimiento de tus hombros.

Observa tus pasos al caminar.

Medita en cada uno de tus movimientos además de verificar, qué sientes al hacerlo.

Confirma si al moverte sientes seguridad, confianza y plenitud.

Verifica que ven los demás en ti, cuando los contactas.

Solo así podrás determinar tu nivel de energía y cómo estás pensando de ti mismo, pues los demás responden a lo que llevas dentro de ti.

"Vivir encendidos, es estar atentos a todo lo que sucede ahora".

"La disciplina no tiene vacaciones, no tiene días libres".

La observación interna se tiene que volver consciente y solo al hacerlo repetidamente podemos lograrlo.

Por eso les pido que logren identificar objetos, colores, situaciones, con una identidad positiva propia, tu elijes que ponerle, ejemplo: leer las señales que se nos presentan cada día y darle un toque propio a todo, darle sentido y conciencia a cada momento a todo lo que te rodea, teniendo claro que todo es una proyección de nuestro ser interno.

Entrénate para que cada vez que veas la palabra amor lo relaciones con una afirmación positiva.

Ejemplo: "YO SOY AMOR" y seguidamente sonríes.

Cuando veas un arcoíris relaciónalo con las virtudes de la vida y decreta "YO SOY LA UNIDAD DEL CIELO Y LA TIERRA".

Cuando veas un caballo decreta "YO SOY LA BELLEZA DE LA LIBERTAD".

Así mismo para los números, cada vez que veas los números repetidamente, revisa qué estás pensando al momento de ver los números, ya que la matemática que llevamos dentro, la vida la refleja afuera, entonces revisa a cada instante que piensas.

Es importante vigilar lo que veas afuera, pero es aún más valioso ver lo que pasa en ti.

"TÚ ERES EL UNIVERSO"

"TÚ ERES EL CREADOR"

"TÚ ERES LA MARAVILLA DE LA VIDA"

"TÚ ERES EL ÉXITO"

6. POTENCIA TU SER AUTÉNTICO

Puedes realmente potenciar tu ser, cuando eres capaz de levantarte a ti mismo todas las veces que sea necesario.

Potencias tu ser, cuando dejas todas las excusas y logras combinar a la perfección lo que piensas-sientes-dices-haces.

¿Cómo te levantas en la mañana?

¿Cómo son tus primeros pasos?

¿Cómo miras el mundo luego de abrir tus ojos?

Qué te parece si te digo que tu energía está conectada directamente al sol, que tú eres el que decides con tu actitud si te conectas o desconectas.

Haz esta práctica sencilla:

LANZAR UN CABLE AL SOL:

¿Qué es eso? ¿Cómo lo hago?

VISUALIZA que de tu columna vertebral brota un cable dorado que sale del centro de tu cabeza. Tú haces el movimiento lanzandolo hacia arriba para conectarte con el sol. Ves como ese cable se enchufa y andas por la vida como una red de energía parecida a la que utilizan los carritos chocones para mantenerse encendidos, la forma de saber si te conectaste es tu sonrisa, entonces, lanzas tu cable, ves cómo se enchufa e inmediatamente sonríe.

Esta ecuación de la física de las polaridades fue desarrollada por ISAAC NEWTON.

En una conexión perfecta con las polaridades conectados con el cielo y la tierra en comunidad con la mente y el corazón.

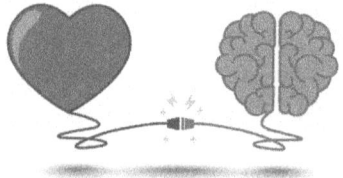

Al universo no le importa lo que tú digas, el responde la energía que eres y que vibras. Por eso están bien conectado a la fuente de poder, deja que ocurra en ti la fotosíntesis humana. Convierte tu conciencia en una lámpara que nunca se apaga, que ilumina todo sitio y lugar, pues se carga de sí misma ya que permanece conectada al poder de la vida total.

Conéctate al sol, conéctate a la tierra, vive como un árbol extrayendo lo mejor de la tierra, recibiendo la luz y entregándola a todos en alimento, aire, confort y belleza a toda la vida.

Transita cada día con la fuerza del sol con la inmensidad de su poder y lo ilimitado de la luz.

Vuélvete bello, puro, un ser inmanente que se vuelve trascendente.

Ilumina la vida siendo tú mismo, desenvuelve tu Unicidad, tu Genialidad, tu esencia, tu Originalidad, eso que TÚ ERES, eso que te hace "SER TÚ."

Volverte uno contigo, llegar a tu unicidad te hace poderoso, a la vez te vuelves invisible, te vuelves aire, te vuelves luz, o ¿Acaso has visto el aire dividido? No creo, somos indivisibles, infinitos y universales.

Somos el Universo Mismo.

Un ser potenciado es aquel que ya no tiene la necesidad de juzgar, extinguió esa necesidad, ya que se acabó al comprenderse a sí mismo, logrando entender los diferentes procesos que pasa cada uno para su evolución.

Elimina el juicio, vivir en la grandeza es haberse convertido en su propio superhéroe que acabó con todos los monstruos que te impedían SER.

Realiza este ejercicio:

Prueba vestirte de superhéroe, el que tú quieras, tu superhéroe favorito. Haz lo que haría él, compórtate como él, rompe tus limitaciones mentales, ¡atrévete a ir más allá! Vivencia, experimenta y expresa el héroe que eres, tú eres el único que puedes salvarte, rescatarte y recuperarte. Ve dentro de ti y acaba con todos esos monstruos que te impiden ser tú, con todo tu potencial de luz y poder.

Estos sencillos ejercicios, producen una gran resistencia pues son un reto para el ego, pero son efectivos, eficaces y eficientes para liquidar los arquetipos mentales que no nos dejan disfrutar la magia de estar vivos.

Un ser potenciado es un ser feliz, reconoce la felicidad, la alegría y su bienestar como su condición real.

Se ha encendido con alto voltaje y se ha dado cuenta que la rabia, el enojo y el odio son situaciones pasajeras de la vida, lo verdaderamente real es la fuerza de la felicidad que es eterna.

Un ser potente vive y se reconoce como un unicornio, un ser que se atrevió a ser en su esencia que vive en la magia y la manifiesta. Se conoce y comprende como único, ha despertado, reconoce y escucha a su intuición, es capaz de ver la belleza de lo invisible, la grandeza en lo pequeño y la magnificencia en lo sencillo, se ha vuelto imparable, camina con seguridad, fuerza y virtud hacia adelante, se ha vuelto el progreso en acción para traer a la vida la magia de la manifestación.

Te vuelves potente cuando eres amoroso, cuando eliges actuar desde la ley que habita en ti, cuando tu manera de pensar, sentir y hablar se refleja en tu actuar.

La coherencia es el más potente conductor de energía ya que permite un flujo conector con la misma. Es la relación perfecta de unidad con la vida.

Ser potente y coherente van de la mano, pues un ser potente no dice lo que es, él es lo que dice y lo que somos, hablar más fuerte que lo que decimos cuando vivimos de manera responsable, de manera inteligente y nos movemos con la real autenticidad, la vida nos devuelve como resultado la felicidad.

La coherencia es poner el amor en acción

Un ser potente se ha vuelto incansable, invencible, se hace indetenible, en su camino de constante evolución.

Ha vivido la potencia en la experiencia, cuando se vivencia se convierte en ciencia, está comprobado por sí mismo. Para ser una persona poderosa y de mente positiva, tienes que utilizar la disciplina como un compromiso responsable de vivir, ordenado en plena combinación con todo lo que existe, así se vuelve infinitamente indescriptible uno con la plenitud de la vida.

Es por eso que nuestro compromiso con la revisión interna, tiene que hacerse diariamente. El vigilante interno tiene que permanecer activo con una vigilancia constante. Y es en este punto, donde la mayoría desiste, pues pocos se comprometen a vigilarse las 24 horas del día. Ese compromiso es el que hace posible vivir en una constante Evolución.

Somos seres solares, es como si nuestra propia cabeza se convierte en un sol que carga la claridad de toda nuestra existencia dándole vida, armonía y poder a todo momento, volviendo cada instante en el momento más luminoso para ti y para los demás.

Una forma de potenciar nuestro ser es haciendo este sencillo y práctico ejercicio:

Visualiza que estás caminando tranquilo y relajado. Imagina que cada folículo piloso de donde brotan tus cabellos sale luz. Cada cabello tuyo se vuelve luz. Te pega el viento y tu cabello se mueve, llevando la luz para todas partes y esa luz te recarga. Respiras y te cargas de luz por dentro, ves cómo cada una de tus células sonríe y cada órgano de tu cuerpo se restaura, sonríes y te vuelves un foco radiante para la vida. Ahora respira alegremente y de manera consciente graba en ti la luz. Vuelve tu vida iluminada!

¡SE TU! CONFIA EN TI, escucha tu intuición:

RESPIRA- SUELTA- FLUYE Y CONFÍA.

7. TOQUE DE CONCIENCIA

Esto es lo que tu vida necesita de ti, que vivas atento, y te mantengas encendido, consciente y presente.

Que estés consciente de cada instante para poner tu atención en ti y te suenes la DIANA DE LA VIDA, que es el llamado interno el cual conduce al acto de despertarse, dejar de estar dormidos.

Atento a tu espíritu, tu alma y tu cuerpo por eso te hablo siempre en tres tiempos porque un mensaje va para tu espíritu, otro para tu alma y otro para tu cuerpo, así como para el plano mental, el plano físico y el plano emocional.

Activo, encendido y positivo

Atento, presente y consciente

Despierto, atento y presente

Reconoce, acepta y experimenta

Aprende, aplica y trasciende

Es la conciencia alerta de todo, la que se da cuenta de todo lo que sucede a través y alrededor de ti. Que todos los días despiertes y te des cuenta de la maravilla que eres. ¡Qué eres la vida misma latiendo en todo el universo!

La conciencia es esa luz interna encendida que es capaz de ver las cosas tal y como suceden. Es dejar de vivir en juicio y calificación.

Todos los días de manera constante podemos darnos toques de conciencia, la vida necesita de nuestra atención en cada acto cotidiano. Cuanta más conciencia pongamos en cada acto cotidiano se abrirá nuestro canal espiritual.

Cada vez habrá algo que descubrir no habrá límites, sin embargo si solamente creemos que ser conscientes de todo se hace en un momento especial nos ponemos un límite.

Nuestro camino será de bendiciones de luz y de claridad infinita, si en nuestros actos ponernos el espíritu.

Ponle a todo lo que hagas un toque de conciencia.

¿Cómo darnos un toque de conciencia?

Viviendo en paz, en armonía, paz interior y sin apuros, una cosa a la vez.

Aprende y practica el arte de apreciar todo lo que ves, de reconocer lo bello en donde pones tu mirada, que tal si practicas ser como un fotógrafo que en todo momento anda buscando tu locación perfecta para su trabajo.

En la mañana coloca el reloj 10 minutos antes. Sonríe, lanza cable de conexión al sol.

Siente tu presencia, respira, mira tu casa, tus manos y agradece que estas vivo.

Aprecia cada cosa que tocas, ves y escuches. Toca el agua, mira tu casa, escucha los pájaros.

Haz todo con tranquilidad y prepárate para recibir maravillas.

Cuántas bendiciones vives y vivirás.

Camina conscientemente, saluda a tus hijos, vecinos, amigos, compañeros de trabajo de forma amorosa y consciente, mira con luz a tu alrededor.

Transfórmalo todo en un ejercicio espiritual.

Decreta "YO SOY LA CONCIENCIA ENCENDIDA QUE HACE BRILLAR CADA INSTANTE MI VIDA".

Deja que la luz de tu conciencia ilumine cada acto de tu existencia.

Cada momento es bueno darnos un toque de conciencia.

"Encendiendo la autoobservación"

"Enfocando la atención"

"Activando la comprensión"

Para activar la compasión y vivir en meditación ¿cómo lo hacemos?, mediante un reconocimiento de tu ser, de verificar la verdad que eres.

¿Cómo te ves a ti mismo?

¿Qué valor te das a ti mismo?

¿Te has dado cuenta de tus virtudes, tus talentos? ¿Los vives?

Estas constantemente haciendo un reconocimiento interno, entras a un estado vibracional místico, poderoso y mágico.

Estamos acostumbrados que los conocimientos y la credibilidad vengan de afuera, pero llegó la hora de hacerlo desde adentro, valorar lo que somos y vivir nuestra confianza.

Es el acto de reconocer que nos hará realmente conectarnos con el poder de la confianza interna que es la llave que abre las puertas del poder universal.

Reconocernos nos hará más fácil comprendernos en cada uno de nuestros procesos, miramos de manera compasiva cuando las cosas no salgan como esperamos y a su vez nos da la potencia para levantarnos y seguir. Comprender que solo es un momento de la vida, nuestra verdad es afianzarse en que estamos comprometidos con nuestra evolución.

Reconocernos es una de nuestras labores más importantes ya que nos hace evaluar nuestros recursos internos, saber con qué contamos en nuestro interior, buscar esos activos emocionales físicos y espirituales. Es como hacer una especie de AUDITORIA diaria de cuánto valor nos damos, de verificar nuestras virtudes y saber cuán conscientes estamos de lo maravilloso que somos.

Reconocernos es darnos el título interno que valida nuestro propio amor, es valorarnos pase lo que pase, es sentirse satisfechos porque sabemos lo que somos. Es la tarea más grande que vinimos a desarrollar, conocer nuestra grandeza y llevarla a cabo haciendo lo que nos gusta porque ya ganamos dentro de nosotros la credibilidad y el reconocimiento que toda una vida buscamos afuera.

Reconocernos es tener activo el escáner interior para darnos cuenta de qué tenemos por dentro y ponerlo en acción para mejorar nuestra vida.

Activa tu escáner interno: es un ejercicio que nos sirve para visualizarnos, para vernos por dentro.

Imagina que te acuestas en una caja de cristal, de ella sale una luz que te rodea automáticamente por encima y por debajo. Respira, siente tu cuerpo, quédate como estás y empieza a observar que piensas, no cambies el pensamiento, solo obsérvalo.

Quédate allí ahora y empieza a ver que tienes de bueno, que te gustaría hacer, que te gusta de ti. Muy bien, ahora sonríe y vuelve.

Este ejercicio lo puedes hacer cada vez que te venga la duda, hacia lo que tú eres.

Donde estés métete en tu caja de cristal y hazte tu escáner interno recórrete con toda la luz y elimina todas tus partes oscuras. Respira, suelta, fluye y confía. Vuelve a la acción con el poder de tu apreciación.

Es imprescindible vivir recordando nuestro valor y mantenernos centrados en por qué en el camino de la vida van a presentarse estas situaciones, personas y circunstancias que nos hagan dudar de nuestra valía y está en nosotros en hacer conscientes todo lo bueno que ya somos, mediante el reconocimiento constante.

Reconocer – Apreciar – Valorar

Cuando aplicas este reconocimiento acompañado de la apreciación de todos tus dones y talentos se te hará mucho más fácil la tarea de valorarte, ya que has decidido poner los ojos en ti. Al momento de verte con amor hacia adentro, nada de afuera puede afectarte, la vida total empieza a tener una percepción diferente. Te has reconocido y eso es vivir consciente de la verdad que eres.

Has probado reconocer que tienes piernas, apreciar que están completas y valorar que puedes caminar.

Hacer pequeños reconocimientos conscientes es vivir en plenitud, es lograr ver la belleza de lo simple y abrir los ojos a la grandeza de lo cotidiano.

Es empezar a mirar la perfección en lo imperfecto, la virtud en el defecto, la belleza en la fealdad, es despertar al acto sublime de amar. Prueba a practicar el reconocimiento con tus relaciones, tu familia y amigos, cada vez que los veas reconoce algo bueno de ellos que los ayude también a acercarse a su valoración, recuerda que cada vez que avanzas, tu mayor regalo es aportar avance a los demás.

Así también andarás por la vida, dando toques de conciencia, prendiendo luces es ayudar a los demás a ver, reconocer, apreciar y valorar la luz que son.

"TU HUMILDAD CONSISTE EN SABER QUE ERES GRANDE Y TIENES LA CAPACIDAD DESDE TU GRANDEZA DE HACER SENTIR GRANDES A LOS DEMÁS"

¿Cuántas veces me dedico a hacer sentir importantes y valiosos a los demás?

Esta actividad es como tener rayos de poder, que con tu conciencia y tu luz luego de tu reconocimiento hacen que los demás brillen, solo cuando te reconoces puedes ser tú mismo y alcanzar la auténtica felicidad.

Cuando accedes al sentido del valor propio NADA NI NADIE te puede hacer sentir inferior. Es por eso lo importante del reconocimiento constante, ya que si no lo haces construyes una barrera impenetrable a tu valor.

Además que afinas tu mirada de manera permanente en ver y reconocer la luz en los demás.

Así que tu valor te ayuda a identificar el valor de los demás. "Puedes verlos valiosos" no tiene nada que ver con el ego de sentirnos más que los demás, un ser que se ama y se valora tiene la capacidad de reconocer el amor.

8. COMIENZA TU EVOLUCIÓN SOBRE RUEDAS

La vida siempre está en movimiento, por lo tanto la naturaleza de la existencia es la acción, todo se mueve y así como todo afuera tiene movimiento dentro de nosotros también.

Vivir una EVOLUCIÓN SOBRE RUEDAS es subirse y moverse en el vehículo de la vida, ser meditadores activos, vivir conscientemente y maravillosamente. Es seguir adelante, levantarnos, ponerle el espíritu a todo lo que hacemos, llenar a todo con la consciencia de la vida. Es permanecer armónicos, atentos, con buena actitud.

Es avanzar en todo momento, ser el progreso constante. Vivir con responsabilidad cada momento, activar la disciplina interna y la confianza que nos permite vivir la paz.

Evolución sobre ruedas es poner en acción el Espíritu, el ser allí donde está la conciencia de lo posible y de todo lo bueno.

Vivir con el espíritu en movimiento es pasar los obstáculos y aprender de ellos, es caernos, aprender la lección y levantarnos conscientes de que el poder de la vida está por dentro.

Evolución sobre ruedas es dejar ya de un lado tantos condicionamientos que no nos dejan disfrutar cada momento, comprender que no necesitamos ser como otro, o vestirnos como otros es poner en acción la meditación, ser nosotros mismos.

Para ingresar a la evolución sobre ruedas tienes que:

- Vivir el ahora.
- Activar una actitud mental positiva.
- Escuchar tu intuición.
- Encender la autoconciencia permanente
- Utilizar tus recursos internos y estar atentos.
- Poner la conciencia en todo.
- Estudiarte a ti mismo.
- Vivir con orden y disciplina.
- Ser responsables.
- Expresar tu esencia y autenticidad
- Emitir luz sin dudas.
- Confiar en ti mismo.

Es ser la evolución en acción. Es vivir, despiertos, alertas, tener una actitud alegre y actuar desde el corazón.

Vivir con la mente iluminada para encontrar el amor en cada situación.

Espiritualidad sobre ruedas es convertirte en el templo, es ser lo sagrado, es representar la comprensión.

¿Cómo logro vivir una evolución activa?

- Viviendo de acuerdo con tus palabras, llevarlas a la acción.
- Trasciende las teorías y volverlas prácticas.

- Volverte solución.
- Dando vida al discurso.
- Practicar eso que ya sabes.

Te pregunto algo sencillo, ¿Sabes saludar?

Empieza a saludar con una conciencia amorosa, con la conciencia en que cada saludo prácticas el SALUD-DAR, procurando dejar a cada ser que contactes cargado de la verdad espiritual que eres LA ALEGRIA.

"CUANDO DECIDES PONER TU UNIVERSO INTERNO EN ACCIÓN, SUCEDE TU EVOLUCIÓN."

Espiritualidad sobre ruedas:

Vivir una espiritualidad sobre ruedas es meterte en el espiral infinito de la creación de la vida. Poner en acción y uso todo el valor interno para tu bienestar, disfrutar consciente y plenamente de cada momento, hacerte consciente de que eres el gozo, la vida y la dicha. Disponer todo tu bien en marcha, andando con plena armonía y balance.

Con referencia a lo anterior te propongo un ejercicio para examinar si llevas una espiritualidad sobre ruedas.

Visualiza que tú eres un patinador de velocidad que está en la pista y te encuentras esperando la salida; te dicen que arranques y tú sales. Te sientes bien, has trabajado en ti, en tu fuerza, confías en las bases de tus piernas, confías en tu equilibrio, confías en tu entrenamiento y sales con esa confianza. Durante el recorrido te viene la duda y tú de manera inteligente no la ACEPTAS, por la confianza que has ganado con tu entrenamiento, sabes que si dudas de ti te caes, continuas, llegas a la meta, corriste a toda velocidad, sonriendo observaste a todos y lo más importante te diste la oportunidad de confiar en lo que eres y lo que has entrenado.

Así mismo es la vida, se trata de mantener el enfoque en la confianza interna, en lo que pasa por nuestra mente, conscientes de lo que sentimos y pendientes de lo que hacemos. Dominando todos los agentes externos con el poder de nuestra confianza, dejando claro que no se deja al azar, se gana con la práctica consciente de lo que vamos logrando dentro de nosotros, utilizando el agradecimiento continuo.

Puedes ver en el ejercicio que la persona que patina confía en el trabajo que hizo cada día en su entrenamiento, es por eso que tú también de manera disciplinada puedes lograr tu confianza reforzando tus cualidades y poniéndolas a prueba.

El ejercicio del patinador es muy potente, pues no solo tiene el control de su cuerpo, sino que también, tiene que dominar los patines que son un agente externo, además convertirlo como parte de el mismo. Adicionalmente estar atento al paisaje, a la pista, a los otros corredores, pero en especial a todo lo que pasa en él, ya que de perder el enfoque de uno de los elementos se pierde a sí mismo.

Es por eso que la espiritualidad sobre ruedas, es vivir en total y absoluta armonía con el todo, estar alineados por dentro, lo cual requiere mucha disciplina. Vivir una espiritualidad cotidiana no se trata de una determinada ropa ni se trata de parecer algo, se trata de ir al templo interno, allí donde reside todo lo sagrado.

Logra mirar lo sagrado en todo, ser la divinidad en cada persona, sentir la energía del amor en cada paso. Deslizarte por la vida con la libertad de ser tú, de atreverte a descubrirte para vivir a plenitud, confianza y poder de ti mismo.

Una espiritualidad sobre ruedas alegra el camino propio y el de todo el que nos rodea, permitiendo dejar todo lugar por donde transitamos sea más armonioso. Situar la consciencia en todo y un gran enfoque absoluto en lo que te aporta bien, comodidad y valor.

Es ser capaz de reconocer todo eso que te hace ser tú y no dejarlo opacar por ninguna opinión externa.

Ubicar el oído hacia nuestra voz, que, aunque haya voces afuera que nos quieran callar, sea tan potente que calle todas las demás, pero para lograr eso hay que estar atentos con el vigilante interno en plena acción para poder reconocer nuestra voz y tener la valentía de ponerla en manifestación.

Espiritualidad sobre ruedas, es una manera de vivir virtuosa donde expresamos nuestra grandiosidad sin miedo, cada vez que lo hacemos contribuimos al despertar. Igualmente se coloca en marcha el poder de la vida, tratando bien a los demás, siendo compasivos con los que nos critican, comprender su proceso, no tomar la situación personal. Responder con conciencia y amor, afinar el discernimiento para tomar acción en la situación y no atacar a la persona.

(Se requiere mucha práctica de consciencia).

Vigilar cada acto con cada persona que contactemos en las tiendas, supermercados, calles e ir cargando todo con la magia de tu consciencia; es más que un saber, es darle el poder a la acción, llevar la esencia de la consciencia en cada movimiento desde el amor.

Es darle vida a la filosofía y movimiento al arte, hacer de toda la vida un acto de amor consciente. Vivir en la rueda de las posibilidades consigue ver como la vida nos responde a cada rato con señales, dándonos lo que necesitamos cuando así lo requerimos creando una alineación perfecta entre el pensar, sentir y vivir. Teniendo los P.I.E.S (Proceso Integral Evolución Sostenida) activo y sobre ruedas con el corazón en rotación, para poder proyectar en cada momento mentalidad creativa, que nos da una vida productiva y positiva.

Definitivamente una vida sobre ruedas es vivir atentos, aprovechando cada momento para vivir nuestros procesos con amor, apartando nuestros propios juicios para lograr nuestra evolución.

Evolución sobre ruedas es vivir un proceso de transformación constante y continuo cargado de energía infinita y renovable, es ver como la vida constantemente se transforma.

Convertirnos en la causa que mueve toda evolución, en el sacudón que expande la maravilla de nuestra vida en todos los planos y en todos los niveles.

"YO SOY EL CAMBIO CONSTANTE
Y EN ETERNA EVOLUCIÓN"

Comprendiendo que todo en nuestra vida está en la capacidad de resolver y ser Solución, la clave de nuestra evolución es volver a ser el SOL en acción.

Hagan la práctica y vivan la magia.

9. CONVIÉRTETE EN UN CAMPEÓN DE LA VIDA

Primero tienes que comprender que un campeón de la vida, ya no necesita compararse, ya no necesita competir, porque ya alcanzó el mayor logro, se conquistó a sí mismo. Allí está su victoria, un campeón de la vida es aquel que venció todas sus dudas y ganó la confianza en sí mismo.

Tú puedes ser el campeón de tu vida, solo tienes que decidirte a vivir cada instante en plenitud. Encenderte y activar una actitud poderosamente positiva con mucha disciplina, es la única forma de avanzar y potenciar el ser dándote continuos toques de conciencia para ver con claridad tu verdad, EL ÉXITO.

Conviértete en tu propio campeón, en tu propio líder, en tu propio entrenador. Tú eres tu maestro. Para vivir una vida de campeón, tienes que atreverte a darle vida al mensaje, actuar, como un campeón, moverte como campeón y dirigirte a la vida como ganador, con el ganador de ti mismo.

¿CÓMO TE GANAS A TI?

- Cuando confías en ti.

- Cuando te empiezas a ver con amor.
- Cuando dejas de compararte.
- Cuando dejas de juzgarte.
- Cuando dejas de invalidarte
- Cuando comienzas a observarte para identificar lo que hay en ti para poder ganarte.

Todo comienza con poner las llaves en el arranque del:

Autoconocimiento

Autoestima

Autoobservación

¡Solo así podrás ganarte a ti mismo!

Ya basta de dudar de ti, un campeón de la vida venció la duda y ganó la confianza en sí mismo. Un campeón de la vida vigila, está atento, presente y consciente cada instante, vigila hasta el agua que se toma, ya que un descuido puede hacer perder el entrenamiento de toda su vida. Por eso para lograr vivir como campeón vigila cada una de tus emociones, está atento a tus sentimientos, educa, entrena y disciplina cada uno de tus pensamientos, pues tus pensamientos son la estructura de tu capacidad, preserva tu energía de toda negatividad.

Se vuelve su guardián activo de todos sus centros de poder.

Un campeón de la vida cambió:

- La duda, por la confianza.
- El miedo, por la valentía.
- La queja, por el agradecimiento.
- El desprecio, por la apreciación.

Por eso es súper importante para un campeón de la vida, estar atento, presente y consciente.

Se FIJA permanentemente de sus pensamientos,
CUIDA cada una de sus palabras,
OBSERVA constantemente sus sentimientos,
REALIZA un continuo análisis de sus actos.

Haz el ejercicio de revisar tu postura y tu lenguaje corporal.

- ¿Qué comunicas con ese lenguaje?
- ¿Qué expresas al mundo con tu actitud?
- ¿Qué proyectas con tu manera de ser?
- ¿Cómo es tu voz cuando hablas, uso, modo, tono?

La vida responderá a tu estilo de comunicación, por eso es de vital importancia verificar la respuesta de la vida.

Todo lo que pasa en ti, tiene su repercusión en la vida.

Tú eres el responsable de lo que piensas y de todo lo que vas guardando en ti, después que creces tienes que hacerte responsable y dejar de culpar a tus padres por lo que eres, pues ya tu puedes ser responsable de crear la vida que deseas.

Muchos quieren ser felices y se quejan todo el día y con la queja no resolvemos nada, solo generamos más de que quejarnos. No podemos ser un campeón sin hacer nada.

"Hay que entrenar".

"Hay que tomar acción".

Ser Felices - Ser Positivos - Ser Alegres.

Requiere un enfoque responsable de la vida y debemos lograr tener la fuerza de levantarnos a nosotros mismos en todo momento, hacernos vigilantes en cada instante de que estamos pensando, porque de allí depende lo que vamos a sentir y lo que pasa en nuestra vida, recuerda siempre que es tu deseo más sincero lo que se manifiesta. Muchas veces por no estar ATENTOS, presentes y conscientes, se manifiesta lo que no queremos, eso que le tenemos miedo. Es nuestro deseo más sincero lo que se manifiesta, lo que necesitamos para nuestro avance. Tenemos que ser muy observadores de nosotros mismos porque la vida nos muestra lo que tenemos, aquello de que no nos hacemos responsables.

La responsabilidad es una varita mágica que tiene un poder y un alcance maravilloso, pues lo que se hace con responsabilidad y conciencia, resetea y reconfigura nuestra vida.

Prográmate para que a partir de ahora, seas tu propio campeón y ganes la medalla de oro de tu conciencia.

Asume, las riendas de tu vida con coraje, valentía, determinación y visión, con la mirada en el avance para lograr continuamente el progreso y vive día a día tu evolución.

Deja atrás ya todos esos viejos hábitos que te estancan y que no te ayudan a seguir avanzando cada día.

En efecto, cada día con más fuerza, puedes hacerte responsable de tu pensamiento, porque cada uno genera una realidad que tu deseas vivir.

La Vigilancia es la CLAVE".

Cuando observes que piensas, pronuncias o haces un acto que te atrasa, CAMBIALO por pensamientos de progreso, palabras de poder y actos de amor, entusiasmo y conciencia.

Decide asumir tu poder.

Tú eres el campeón de tu vida.

Estás aquí para ganarte a ti mismo.

ENCIENDE TU MENTE.

MENTE APAGADA	MENTE ENCENDIDA
Vive desde el miedo	Vive desde el amor
Genera dudas	Genera confianza
Manifiesta temor	Manifiesta fe
Actúa con apatía	Actúa con fuerza
Se siente separada	Se siente unida
Ve lo que le falta	Ve lo que tiene
Se mantiene Atormentada	Se mantiene en paz
Conecta con su estado racional	Se conecta con su intuición
Cree en lo que ve	Cree en lo que siente
Expresa lo que sabe	Expresa lo que es
Vive en la Angustia	Vive en la paz
Reacciona	Acciona
Frunce el ceño	Sonríe

Al lograr encender tu mente te conectas con el campo cuántico de la conciencia universal donde todo es posible.

Aunque todo parezca perdido, asume tu actitud de campeón y mantén hasta el final la actitud ganadora y decreta:

"YO SOY LA VICTORIA INTELIGENTE DE LA VIDA".

"YO SOY EL TRIUNFO ACTIVO EN MI VIDA".

"YO SOY EL ÉXITO EN PERSONA Y EN MANIFESTACIÓN".

"YO SOY EL LOGRO ACTIVO EN TODO MOMENTO Y LUGAR".

Cuando alineas con tu conciencia el amor todo se manifiesta. Cada vez que pronuncias la palabra "YO SOY" pones a tu servicio el poder de la vida. Hazlo con conciencia, todo lo que sale de ti, CREA–CONECTA–REVELA la realidad en que vives. Tú sientes, piensas y haces, el universo imprime.

El universo es la impresora de tus deseos más honestos. La energía que hay en ti el universo la manifiesta. Él funciona como un banco, si tú decides vivir desde el miedo, la duda, el rencor, te vas llenando de pasivos, sin embargo, lo único que te produce activos es la confianza, la armonía, el amor.

Por eso un campeón revisa sus activos emocionales y en todo momento verifica que sale o entra en él que lo endeuda o que sale o entra en él que lo enriquece.

- Un campeón de la vida vive con integridad, conciencia y coherencia entre su sentimiento y su palabra.
- Tu realidad es que tú eres el éxito.
- Suelta las dudas, la culpa.
- Deja los miedos.
- Acaba con las luchas.
- Disuelve las batallas.

La culpa es el ancla que estanca el alma e impide su evolución.

La duda es la tijera que corta los hilos del logro.

Los miedos son el freno que impide nuestro avance.

Las luchas son el agotamiento interno, es tener que pelear por todo, no viniste a pelear por nada viniste a fluir con todo. Cada vez que dices estoy en la lucha, estas decretando que tu vida sea un combate.

Las batallas es un lenguaje duro que acaba con la naturaleza y la alegría del alma, está marcada por la sangre y la sangre representa la alegría de vivir. ¡Suelta las batallas y vive en la alegría! La potencia me acompaña cuando vivo en alegría.

"Si la vida no se cansa yo tampoco, pues YO SOY la vida".

Un campeón de la vida, no espera que alguien desde afuera venga a arreglar su vida. Las grandes transformaciones se producen desde adentro.

Requiere de tu

Responsabilidad   **EVOLUCIÓN**   **Compromiso**

¿Cómo reconocer un campeón que está conectado al ORO de la conciencia?

Se vuelve incansable, pues se convierte en la vida misma, transpira luz y resplandece en amor y alegría. Es la facilidad en su máxima expresión.

"Has visto a la vida cansada, la vida siempre puede, sirve y da amor".

¿Cómo soy un campeón de la vida?

Todo comienza con tu diálogo interno, cómo te hablas a ti, qué lenguaje usas cuando te diriges a ti mismo.

Evalúa-Analiza-Rectifica tu manera de cómo comunicarte contigo, ¿te hablas desde el reproche o desde la comprensión?

Es muy importante cómo te ves tú, es determinante para lograr ganarte a ti mismo, te ves como el oro o te consideras una hojalata. Sentirte bien contigo no quiere decir que pisotees a los demás, todo lo contrario, tu bienestar llenará a los que te rodean de dicha y bienestar.

Un campeón realiza todas las actividades con entusiasmo, fuerza y conciencia. Está claro de que su energía viene del poder universal, por eso siempre está encendida.

Un campeón da lo que quiere recibir y como está consciente de que todo vuelve multiplicado es más amable, vive sonriente y es agradecido.

"Un campeón de la vida, ha aprendido a brillar desde su autenticidad". No cambia para complacer a los demás, nació para ser él mismo; no nació para dormir sino para estar despierto.

Un campeón de la vida renunció a todo lo que lo apagaba para permanecer siempre encendido.

Cuando te haces consciente de que tú eres el campeón de tu vida:

Te sientes solución.

Te vuelves acción.

Estás saludable.

Te sientes bien porque funcionas!

Comprendes que:

Estas bueno porque funcionas, estas bueno porque estas vivo!

Te sientes multimillonario.

Logras sentirte cada día más vivo y ahora vives ACTIVO, ENCENDIDO Y POSITIVO.

EXTINGUE – ERRADICA – EXTERMINA- LIBERA toda creencia, arquetipo o dogma que te retrasa.

No tengas contemplación con dejar eso que te estanca, usa el extintor de negatividad y apaga todo lo que intente llevarte al camino de la derrota, viniste a ser campeón, a ganarte a ti mismo.

Tienes que disciplinarte a vivir en una constante transformación interna todos los días, este es un camino de evolución continua y constante.

Derrumba todas las creencias que te atrasan, ve hacia a ti cada vez con más fuerza, con más poder, aunque a veces duele recuerda lo que pasa con el ejercicio, cada vez que se rompen las fibras musculares se hacen más fuertes.

Se tú, no estás aquí para parecerte a NADIE y esto te lo digo con propiedad, escogí el camino de la innovación de dar el mismo mensaje de despertar con la experiencia de manera viva, activa y en movimiento.

Por eso, es que este camino es para campeones, para seres fuertes que son capaces de crear su propia galaxia que los llevará a conectar con su verdadero ser. No te quedes con lo que lees compruébalo por ti mismo.

"Con mucho amor te digo que confíes en tu proceso de transformación, es una gran responsabilidad comprometernos con nosotros mismos. Estamos programados para comprometernos con los demás.

Todo el mundo quiere cambiar, quiere lograr, quiere tener, pero solo pocos campeones están dispuestos a entregar el alma por la victoria de su evolución. No te transformas si no te comprometes, olvídate de fórmulas mágicas, el signo, el astro, la luna, mercurio, un baño, una pastilla.

No ocurre magia sin compromiso, se necesita la esencia de la consciencia, y esa labor consciente, comprende cada hora, minutos y segundo, día, mes, año.

De verdad
¿Estás dispuesto?
¿Quieres avanzar?
Disciplina tu vida.
Disponte a sanar.
Saca lo que no funciona.
Ordena tu vida.
Revisa todos tus asuntos.
Léete a ti mismo.
Organiza cada una de tus ideas.
TÚ ERES EL CAMPEÓN DE TU VIDA.
TÚ ERES EL ÉXITO.
TÚ ERES LA VICTORIA VIVA Y ACTIVA.

Toda transformación requiere Orden y Disciplina Constante y Sostenida.

Solo podrás ver la magia cuando te atreves a mirarte con amor a ti mismo.

Recuerda que lo real es tan grande que no puede ser visto con ojos físico va más allá es mirarse con los ojos del espíritu que pueden comprender la verdad del alma.

Cuando te amas a ti y eres tú, permites que la vida se exprese, que la magia hable y la verdad se manifieste.

Recuerda que aquellos que te juzgan por ser TÚ se condenan a vivir presos de sí mismos encerrados en la triste celda del qué DIRÁN

No puedes controlar todas las situaciones de tu vida, pero si todas tus actitudes hacia ellas.

"Conócete a ti mismo y conocerás al universo". Sócrates

¿TE CONOCES?

¿SABES QUIÉN ERES?

¿PARA QUÉ ESTÁS AQUÍ?

Cuando te conoces a ti mismo, derrumbas todas las creencias y descubres todas tus verdades.

Tu progreso personal, emocional y espiritual se encuentra a medida que puedes sanarte. Cuando logras conocerte, ordenarte y armonizarte, podrás descubrir el propósito del alma.

Sigue dando a tu vida toques de conciencia.

Aprende a estar en paz contigo, con lo que tienes y eres ahora, recuerda la premisa máxima "estás vivo y tienes la oportunidad de hacerlo diferente".

Sin la paz de la mente, no hay evolución.
Aprende a estar feliz contigo, reconcíliate con tu alma.
Levántate, con más poder de cada caída.
Viniste a esta vida a conquistarte, valorarte y a apreciarte.
Tienes todo para triunfar, te tienes a ti mismo.
TÚ ERES EL ÉXITO

Asume el compromiso diario de:

- Entonar tu alma.
- Afinar tu claridad mental.
- Reestructurar tus células.

Todo está en ti, en tu conciencia.

No es cuestión de hábitos, el hábito viene de una repetición constante, lo que se quiere con estas enseñanzas es que vivas con discernimiento.

Los hábitos te hacen esclavos, tomar consciencia te conducen a la Iluminación.

Estamos acostumbrados a hacer las cosas por repetición, pocas veces las hacemos por consciencia.

Hagamos nuestra labor interna en encenderla.

Activa tu Arcoíris Interno,

Abre tu corazón al arcoíris de tu alma.

Es ponernos al lado de la vida donde todo fluye, donde siempre hay la oportunidad de salir adelante a pesar de las circunstancias, es abrir un paso donde todas las posibilidades están a la vista, donde el panorama del amor, el poder y la sabiduría de la vida nos abren paso consciente para nuestra evolución. Es conectarse al poder generador universal desde donde parten las virtudes que llevamos dentro y que nos olvidamos de vivir en ellas por estar desconectados del espiral generador de la vida.

10. ACTIVA TU ARCOÍRIS INTERNO

Tú también puedes ser una persona arcoíris, para ser una persona arcoíris has tenido que conocer la tormenta, por esta razón has decidido no vivir en ella.

Has adquirido el compromiso de ser la paz en la tormenta.

¿Quién es una persona arcoíris?

- ▶ Es un ser de amor, luz, alegría y color, que ama cada instante de la vida.
- ▶ Vive en la conciencia.
- ▶ Son capaces de trascender a la realidad y de manejarla.
- ▶ Son un puente de paz y se levantan a cualquier adversidad.
- ▶ Son ellos mismos en todo momento y lugar sin importar el qué dirán.
- ▶ Una persona arcoíris tiene el poder de neutralizar a personas negativas.
- ▶ Son medicina para la vida.
- ▶ Una persona arcoíris ama y está regida por la fuente, su presencia ayuda a la humanidad.

- ▶ Mantiene una actitud mental positiva.
- ▶ Vive agradecida con la vida.
- ▶ Desarrolla amor compasivo.
- ▶ Coloca en acción el amor incondicional.
- ▶ Sirve a la vida total.
- ▶ Ama, respeta y admira a la naturaleza.
- ▶ Vive en armonía con todo.
- ▶ Tiene una manera sencilla de vivir.
- ▶ Respeta la manera de vivir de cada uno.
- ▶ Es muy sabia, enseña con el ejemplo.
- ▶ Evita el deseo de juzgar.
- ▶ Es capaz de convivir con todos, pues ha vivido en todos los colores y los puede comprender en todos sus niveles y procesos de evolución.
- ▶ No le teme a la crítica ni al rechazo.
- ▶ Son altamente sensibles.
- ▶ Contemplan el sol a diario, activando su conciencia solar.
- ▶ Se visten de colores vivos que los representen.
- ▶ Manifiestan una visión neutral.
- ▶ Se han liberado de los apegos.
- ▶ No hacen meditación sino que viven en ella y ya son la meditación.
- ▶ Comprenden que todo sucede para la evolución.
- ▶ Son el color donde quiera que vayan.
- ▶ Transitan la vida en armonía y libertad.

Tú eres parte de esta generación de personas arcoíris.

Así que mientras las apariencias del mundo intentan opacar nuestro arcoíris, te recomiendo este ejercicio:

Ve a un lugar donde haya árboles y date una ducha de árboles, camina conscientemente y siente como los árboles limpian toda tu energía, si tienes la oportunidad quédate descalzo, coloca tus pies en la tierra y siente cómo tu campo de energía se va purificando y todas tus capas se van recargando de lo que les hace bien y descargando lo que no funciona.

Respira lento y conscientemente ve hacia ti.

Abre tus brazos, abre tus ojos, mira el sol y date una ducha solar, siente y visualiza como toda tu energía se limpia. Visualiza que el sol se vuelve un corazón gigante que emana energía dorada, rosada y violeta y que toda esa energía va directo a todos tus centros de energía poniéndolos a vibrar fuerte, armoniosa y suavemente.

Ahora ve tu corazón como un átomo feliz, que sonríe porque tú asumes, diriges, controlas y comandas tu energía, te has conquistado, eres soberano de ti mismo.

Tu energía depende de ti, tu átomo maestro transforma tu ADN y tu vida conscientemente va cambiando, va transformando a todo sitio y lugar.

Sigue respirando, visualiza que el átomo dentro de tu corazón cobra vida y gira con fuerza emanando alegría de tu corazón.

Ahora envía tu energía al planeta, proyecta tu energía del corazón así como los ositos cariñosos, si no sabes busca un video en internet. Manda toda tu buena energía a la humanidad.

Mientras afuera hay caos, adentro tiene que haber orden y el orden es amor.

DECRETO PARA ACTIVAR EL ARCOIRIS INTERNO

Hoy ordeno a mi centro de poder, que es mi atención, y pongo el enfoque de crear un mundo mejor a partir del arcoiris de mi corazón, abrazo a toda la humanidad llenándola de luz, armonía y color. Ahora me dispongo a abrazarme a mí mismo y me envuelvo en mi espiral de arcoíris que se sostiene de manera constante con la luz de mi interior.

Muestra tu ser autentico, tu ser real es un espiral de luz infinita, expansiva, integradora que se conecta con todo lo que existe.

Lo auténtico tiene una vibración potente, estar con una persona verdaderamente auténtica que expresa el arcoíris de su alma y se comunica en todos sus matices, es un tesoro que te hará brillar, procura ser una de ellas.

Se tú mismo, esa es la música que el universo espera. Aunque a veces te sientas perdido, que no avanzas en ninguna dirección, lo que das no lo recibes de vuelta, te sientes hundido y debajo de la tierra, sientes que te vas quedando atrás, lo que eres con otros no corresponde a lo que ellos son contigo, lo que haces no sirve para nada y el dolor te embarga y te sientes sepultado, abandonado triste y apagado.

Recuerda que existen momentos de la vida para poder germinar, se necesitan momentos de oscuridad y tormenta para encontrarte de frente contigo mismo.

Necesitas tocar fondo para que esa semilla estelar que eres, brote la belleza de tu alma y esa flor de mil colores que habita dentro de ti florezca.

Debajo de la capa de tierra te encontrarás con eso que has temido, veras de frente tus dudas y tus miedos, es allí donde se esconde tu poder, que muchas veces olvidas por ver lo que sucede afuera, el arcoíris que eres solo se manifiesta cuando logras ver dentro de ti.

Cuando pienses en abandonar todo y dejar todo piensa que eres auténtico, que eres real y verdadero, y en la vida solo los valientes se muestran reales.

No seas uno más que parece y no es, ten el coraje y la valentía de ir hacia ti.

Se la verdad que camina en amor, alegría y abundancia.

Florece con pétalos de amor, belleza y humildad. Siendo más amable con cada persona que consigues en tu camino, comprensivo y compasivo cada vez más. "Tú eres el amor verdadero que se expande por la humanidad". "Tú eres la semilla estelar que la vida necesita".

Por eso, a veces entras en oscuridad. No creas que estás solo, porque eso me pasa a mí. Sin embargo, esos momentos me ayudan a expresar el arcoíris vibrante que hay dentro de mí. Porque descubrir la oscuridad me hace apreciar, reconocer y valorar la luz verdadera.

Una luz que no teme.

Una luz que no se cansa.

Una luz que no se apaga.

Una luz que nació para brillar.

Descubre tu maravilla.

Eres un grandioso ser de luz cargado del mismo poder creador de la vida.

Deja de distraerte con el frasco y ve el contenido.

Estás bueno porque funcionas.

Estás bueno porque estás vivo.

Somos tan visuales y poco observadores, que vemos el mensajero pero no sentimos el mensaje.

Estar bueno es una declaración de poder, no solo para ti sino para la persona que se lo comunicas, al hacerlo te conectas con todo lo bueno de la vida y creas una onda expansiva de positividad, conectándote a la red positiva de la vida.

Tu campo de energía se expande, tu ADN se regenera y vas sembrando positividad en la conciencia, si quieres expresar el arcoíris de la vida, cada vez que te pregunten ¿cómo estás?, responde "Bueno porque estoy vivo", es una gran manera de romper paradigmas y esquemas mentales, como por ejemplo que respondas, "Estoy en la Lucha", "batallando, llevándola, aquí con mis achaques, aquí con mi dolor".

NO, eso no contribuye a crear la realidad de luz que mereces.

Una persona arcoíris, utiliza un verbo iluminado. Habla de lo que quiere ver manifestado y realizado en su vida, por eso dirige su atención sostenida al bien, ya que es consciente del poder que cada palabra tiene en su vida.

Observa las siguientes diferencias entre el verbo apagado y el verbo iluminado y elige con toda sinceridad y objetividad lo que deseas ver manifestado en tu vida.

Verbo Apagado	Verbo Iluminado
En la lucha	Saliendo adelante
Batallando	Cada día mejor
Cansado	Activo, encendido y positivo
Muerto	Vivo y consciente
Mis dolores	Activando mi salud
Gordísima	Buena porque funciono

Jamás te adueñes de una enfermedad, eso no te pertenece, tu verdad real es la salud ¡Estás Vivo!

Cada vez que dices lucha, estas decretando que tu vida sea un combate.

Si tuviéramos la capacidad de comprender la conciencia de estar vivos, nuestra manera de vivir sería completamente diferente dejaríamos de ver lo que nos falta y comenzaríamos a ver lo que tenemos con la conciencia de agradecer, valorar y apreciar todo.

Ya no te volverías a quejar por los zapatos, agradecerías por tener los pies. No te quejarías de tener celulitis, agradecerías tener piernas. de igual manera, no te quejarías de tener el cuerpo que tienes, agradecerías por estar vivo.

Es nuestra consciencia que permite que podamos valorar lo maravilloso que es vivir, es allí cuando comprendemos lo eterno de un instante.

Estamos tan acostumbrados a lo inmediato que perdemos la capacidad de valorar lo importante y lo eterno de la vida.

Lo verdaderamente importante, eres tú

Lo Importante:

No es la escuela, es el estudiante.

No es la filosofía, es el que la vive.

No es lo que sabes, es lo que prácticas.

Lo único realmente valiosos es lo que logras hacer de ti y todo está en tu conciencia.

Una persona arcoíris se ha vuelto medicina, ya que ha conocido la conciencia de sí misma. Se ha vuelto íntegra, consciente y coherente.

Una persona íntegra es una persona total, ya no habla de lo que sabe, expresa lo que es.

Es distinto a la honestidad, que habla de una situación específica en un momento determinado, en cambio ser íntegro es expresar lo que somos en cada momento sin separación.

Por eso una persona íntegra tiene tanta fuerza y tanto impacto, hasta en sus oponentes que luego los ves haciendo lo mismo o repitiendo sus mismas palabras o frases porque la integridad lleva la fuerza del ser que impacta al inconsciente y allí la persona íntegra va depositando su conciencia, aun en aquellos que no la aman, o la creen su competencia.

Una persona íntegra es un arcoíris, se ha integrado en todos sus colores y niveles de consciencia, no compite es única, no busca ser igual a nadie, no sigue modelos impuestos, busca su estilo, sale de los moldes. Vive en su esencia, se siente bien en sí misma.

Pon toda tu energía en ser una persona íntegra, en ser total, el universo y la vida con su gran departamento de contabilidad van sumando todo.

Ser y conectar con una persona totalmente íntegra es montarse en el cohete de la evolución, ya que ella te transmite lo que ella ha logrado en su interior.

Te recomiendo hacer todos los días conscientemente el ejercicio de:

Observarte y comprenderte sin juzgarte.

Recuerda que este camino de la evolución hay que vivir en la absoluta compasión. Vivir nuestros procesos sin compararnos ¿y si nos salimos y fallamos?, no importa. Con nuestro amor propio volvemos a comenzar donde nos perdimos, esta vez con la dirección bien puesta en nuestro propósito y la conciencia activa, encendida y despierta.

"Vive el ahora, suelta, agradece, fluye y confía".

"Mientras condenas al pasado, revelas el rencor que no ha sanado en ti".

"Cuando condenas, revelas los prejuicios que están dentro de ti".

"Cuando te quejas, revelas la insatisfacción que escondes en ti".

Toma la decisión de soltarlo todo, para darte cuenta que no necesitas más nada, cuando te tienes a ti mismo.

Perdona, suelta y libera; suelta las dudas, el dolor, el miedo, el rencor, las poses de perfecta y el papel de mártir, el traje de víctima, la que tiene que caerle bien a todo el mundo fingiendo lo que no es, las apariencias, sociales, los títulos, los cargos, todo y solo así, puedes descubrir tu ser para ser realmente libre.

OBSERVA- IDENTIFICA- REVELA

Solo así puedes avanzar, progresar y prosperar.

Solo siendo tú, te tienes a ti.

Llena tu vida de tu propia esencia, que es Amor, Alegría y Felicidad.

Nuestra labor diaria es cultivar un cuerpo incansable, una mente en calma y un espíritu invencible.

Para eso es vital activar la conciencia con nuestra respiración, que es meter dentro de nosotros la vida y la luz.

Cuando respiramos conscientemente, nos cargamos del poder universal que ya vive en nosotros, se enciende la llama de nuestro corazón y se expanden nuestras virtudes.

Si vemos al aire como la vida podemos observar que el aire no tiene muros, ni cercas, pues nosotros somos como aire, infinitos, sin límites e inagotables.

Respira conscientemente y cárgate del poder de la vida, entra en ti y pon la atención en tu respiración, siente cómo las virtudes de la vida entran en ti y te potencian.

Visualiza como una cascada de luz se desprende de lo más alto, bañándote, purificándote y cargándote de los dones de la vida que envuelven cada célula de tu ser.

Descargas y limpias el enojo, la rabia, la ira, el miedo y la duda.

Te recargas de alegría, bienestar, dicha, prosperidad, abundancia, poder y felicidad.

Eso sí, tienes que eliminar la duda y la desconfianza porque ellas actúan como si sacaras un paraguas para frenar todo el bien que estás demandando del universo.

Sé consciente cada vez que decretas algo, qué dices y cómo lo dices. Si te expresas con duda, es como si sacaras una tijera y cortaras el cable por donde te llega la energía de lo que decretaste.

Respira, sonríe, párate firme, con poder, autoridad y fuerza.

Decreta como si tú fueses la persona que manda en el universo y así con esa seguridad demandarás la energía.

Si tienes una situación incómoda decreta: "Yo Soy el poder inteligente que todo lo resuelve".

"Yo Soy manteniéndome en orden en el desorden".

Si estás en una circunstancia en la que no sabes que hacer decreta:

"Yo Soy Dios en acción, actuando aquí y ahora en esta situación".

Una persona arcoíris activa en todo momento y lugar la consciencia de la vida y pone en acción su poder interior, por eso aunque le suceda una situación que es incómoda, recuerda conectarte con la conciencia que es el centro donde se encuentra toda situación.

Orden, disciplina sobre todo en la mente.

Recuerda que se podrá apagar el sol, pero jamás la luz que hay en tu interior.

Donde quiera que vayas lleva tu arcoíris, recuerda activarlo porque ese poder ya está dentro de ti, siempre a tu disposición, esperando que tu atención, que es tu centro de poder, se ajuste con el propósito de tu existencia, tu felicidad.

Cada vez que tu atención se desvía hacia lo que no quieres, lo fortaleces. Por eso, todos los días hay que mantener el enfoque y la disciplina constante enfocada en lo positivo como una forma de vivir.

Solo tu decides que pensar, de qué hablar y cómo hacerlo, procura que tu verbo sea un arcoíris.

Cada palabra es un ladrillo, que construye el castillo de tu vida. Decreto:

"Yo Soy el campeón de mi consciencia, centro mi poder en mi atención". "Centro mi atención en el arcoíris de luz que soy y lo manifiesto cada instante de mi vida".

11. RED DE EVOLUCIÓN

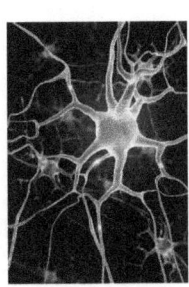

Conéctate al poder universal.

Conecta con las posibilidades.

Conecta con el poder de la vida.

Eres una unidad indivisible maravillosa, capaz de conectarse con todo lo que existe en el universo y lo mejor, todo está dentro de ti.

¿Lo sabías? Seguro que sí, pero, ¿Cuándo lo pones en práctica? Ahora te pregunto ¿Vives consciente? ¿Eres agradecido? ¿Disfrutas el ahora? ¿Estás atento a tu respiración? ¿Meditas? ¿Revisas tu postura corporal?

Para la existencia, somos el mensajero, pero también somos el mensaje con que te comunicas con la red de la vida y de la totalidad.

¿Cuál es el mensaje que tú como mensajero estás enviando a la vida?

Todo lo que haces cuenta.

La red universal con su gran departamento de contabilidad está al tanto de todo lo que entra y sale de ti. Es por eso que tenemos que estar activos, conscientes y presentes en cada momento, para poder observar la causa de todo lo que sucede en nuestras vidas.

"Si cuando enciendes la luz de tu habitación iluminas el espacio, cuando enciendes la luz de tu consciencia iluminas tu vida".

Medita, practica conscientemente el arte de estar en ti sin divisiones ni barreras. La meditación es meterse al campo infinito donde no hay separación entre lo que decimos, hacemos y somos.

Meditar es fundirnos con la totalidad de la existencia, es hacer el amor con la vida y volvernos una unidad absoluta en movimiento interno.

Todos los días practica el arte de estar atento a todo, ¿Cómo te mueves? ¿Cómo pones tu cara? ¿Cómo es tu actitud?

Ahora hazte consciente de todo lo que haces, así sea, limpiar tu casa, ordenar tu cuarto, organizar tus gavetas, ir a tu trabajo, estar en la oficina, ir al gimnasio. En todo lugar puedes mantener un foco absoluto en tu actitud y mantenerte vigilante de ella.

Ahora, revisa ¿cómo observas tu actitud? ¿Cómo está tu cara? ¿Qué sentías cuando arreglabas tus cosas?

Sabías que en todo hay que poner la consciencia, cuando le pones la consciencia a cada acto de tu vida, tu experiencia mágicamente cambia.

Es como si te conectaras a una red de poder donde todo es posible.

La mente no es como el cuerpo que tienes que moverlo para ejercitarlo. La mente se ejercita aquietándola. Una mente en calma es el jardín donde el universo florece.

Meditar, no es estar inmóvil en un lugar, meditar es estar en ti, donde quiera que te encuentres.

Es bonito meditar una hora, sin embargo es más potente ser la meditación 23 horas del día.

¿Cómo se logra? Manteniendo un enfoque centrado, sostenido y consciente de la vida.

Es cuando se alcanza la maestría de la consciencia, cuando silencias el juicio y asumes con aceptación las cosas como son, tomas el aprendizaje y confías ya que comprendes que todo tiene un plan perfecto y es producto de tu creación, por lo tanto es necesario para tu evolución.

Cuando se apaga todo el ruido del exterior y nos abrimos a entrar al mejor lugar que es nuestro corazón, decides darle poder a la voz de tu consciencia y escuchar tu alma.

En el momento que la claridad de la mente se manifiesta, puedes ver la vida con los ojos de Dios.

Tu mente es el laboratorio de la pureza donde se produce el poder de tu alegría.

La meditación es una forma de entrenamiento de la mente, para vivir una vida más eficiente, que sirve para dejar de ver las cosas como somos y empezar a ver las cosas como son, con el filtro del amor y la compasión.

Te recomiendo realizar este ejercicio, cuando dispongas un tiempo libre; ve al parque a la playa o a un campo que te guste conéctate con la naturaleza.

Camina - Respira - Observa

Vigila cada movimiento, disfruta el camino, observa cada cosa que te rodea y detállala; ahora revisa si estás en el momento presente o te pones a pensar en la sopa que tienes que hacer, en la ropa que tienes que lavar, o en los documentos que olvidaste firmar.

Si logras contemplar el momento presente, estás meditando.

Este proceso de conexión contigo, te mueve a conectarte con personas que están en tu misma onda, sorpresivamente vas conociendo seres con los cuales te encanta estar y compartir, dentro de ellos habrán unos que te gustan, únete a ellos y los que no te agradan mucho aprovecha para aprender de ellos.

Juntos formamos la gran red universal y todos estamos aquí para conectarnos con nuestra evolución.

Es muy importante que todos los días limpies tu energía dándote tus duchas solares, conscientemente coloca tus pies descalzos en la tierra para descargar cualquier energía que no sea de la luz. Procurar por lo menos, una vez a la semana, estar en contacto con la naturaleza, sumérgete en el campo y date una ducha de árboles.

Esta actividad se realiza con la consciencia de recibir los rayos solares y captarlos con cada célula de nuestro cuerpo, comprendiendo que somos iguales a esa luz y haciéndonos uno con ella.

Así mismo cuando camines entre los árboles, siente y piensa que ellos actúan como una barredora cósmica que limpia y purifica tu energía de cualquier negatividad que te pueda rodear. Si realizas estas dos actividades de manera consciente y consecuente manteniéndote centrado en el presente, te cargarás del poder electrónico de la naturaleza.

Limpia tu aura con sal marina, cuando te sientas cargado, es una forma de limpiar nuestro campo cuántico, como si te metieras en una lavadora cósmica, unido a la calidad de nuestros pensamientos y actitud mental positiva.

Cuando te sientas agotado prueba sumergirte en una bañera con sal marina y sal de epsom y descarga conscientemente todo lo que no funciona en ti.

Ten la intención de energizar el agua, cárgala con palabras positivas, llénala de consciencia, de luz, amor, armonía y poder.

Funciona de igual manera si vas al mar, pero de este modo es una forma de llevar el mar a tu casa. Respira y entra con la consciencia de ser purificado. Cada vez que te purificas limpias tus conductores de energía y por lo tanto todo funciona mejor, somos humanos y tenemos enojo y por allí se nos abre el campo de protección y puede entrar alguna negatividad, que tiene que limpiarse, por eso hay que ser responsable, ordenado y disciplinado con nuestra energía, puedes activar tus protecciones diarias, decretando:

"Yo Soy el poder invencible de la luz que se hace presente cada instante de mi vida, auto sostenidamente por el poder de la vida que Yo Soy".

"Yo demando, comando y sostengo mi soberanía interna y cierro todo mi campo de energía a todo lo que no provenga de la luz". Te recomiendo hacer un círculo grande con tu mano e introducirte en el visualizando el color dorado, violeta y azul.

EL ORDEN EN TU MUNDO FÍSICO ES IMPORTANTE

Guía para organizarte energéticamente:

Limpieza, orden y disciplina.

Tus gavetas tienen que estar ordenadas, tu habitación, tus cosas, ya que el universo se mueve en orden y si quieres orden en tus asuntos, tienes que poner en orden tu habitación, tú casa, para así poner en orden tu vida.

Se acercarán a apagar tu luz, pero está en ti mantenerla encendida. Si estás en orden por dentro, tu vida reflejará armonía afuera.

Ésta labor no es para flojos, es para personas comprometidas con su evolución, la flojera no existe, no le doy poder.

"Yo Soy el poder de la buena voluntad actuando".

La unidad con lo total, empieza en nuestro mundo físico.

Te tienes que convertir en un portador de la presencia de la vida, donde quiera que vayas, es la forma más elevada de conectarte a la red de evolución, para contactar con todo el pleno poder del universo que está en ti.

No tenemos que separar nuestra conexión con la red de evolución, para estar conectado a la red tienes que mantenerte en ti, en cualquier situación o cosa que hagas.

A todos tus asuntos ponle conciencia, vive el momento, deja de distraerte con lo que puede pasar y vive lo que está pasando, tu vida necesita de tu concentración continua.

Cada vez que barres tu casa, piensa que estás eliminando energéticamente todo lo que no sirve y no funciona, elimina los obstáculos, vuelve tu cepillo de barrer en un instrumento liberador de ataduras y bloqueos. A todos los instrumentos de limpieza enciende en ellos mentalmente una luz violeta. Cuando pasas el trapeador piensa que estás cargando tu casa de energía vibrante y positiva.

Cuando acomodas tu ropa, piensa, siente que estás poniendo en orden tu mente y tu vida. Mantén en orden y pulcritud tus espacios para que toda la energía de luz, bien y protección se manifieste.

Ten la virtud de ordenar tu cama antes de salir de tu casa y visualiza que se ordena tu día.

Toda cosa que hagas hazlo sonriendo porque puedes hacerlo, cuidado con quejarte porque tienes que hacerlo.

Agradece que puedes, el agradecimiento continuo es una gran manera de conectarnos a la red infinita de posibilidades.

Al lavarte los dientes hazlo con la conciencia de limpiar tu boca para que cada una de tus palabras sean brillantes, iluminadas y positivas.

Cuando te bañes carga tu agua con la consciencia de purificación, visualiza que el agua limpia revitaliza y carga tu energía con el poder del amor, cuando te colocas el jabón hazlo con la consciencia de que eliminas toda suciedad física y metafísica, visible e invisible, perfúmate, hidrátate y cárgate con buenas intenciones para ti y para los que contactes. Visualiza cuando te pongas la ropa, que te estás vistiendo de luz y de acuerdo al color que te pongas vas a irradiar esa energía. En el día, mantener la mente libre de todo pensamiento discordante, permanecer atentos para eliminarlo, barrerlo y borrarlo. Traer a la conciencia el bien y la perfección que somos.

Al montarte en tu auto, céntrate en tu presencia y visualiza que al andar en él, vas envuelto en un vórtice de luz violeta, donde te sientes reconfortado y protegido.

Jamás afirmes que no tienes tiempo, que estas full, pues estarás decretando no tener tiempo para ti mismo. Te pregunto, ¿Tú tienes el tiempo o el tiempo te tiene a ti?

Decreta:

"El tiempo me alcanza para todo. Puedo lograr hacer todo lo que me propongo. TODO LO QUE HAGO ME HACE SENTIR PLENO Y ARMÓNICO. TODO ME SALE BIEN. Yo Soy una buena noticia para la vida"

Te recomiendo ir agradeciendo por el camino, bendiciendo el bien de tu vida, tus asuntos. Además de visualizar como todas sus partes y fluidos se cargan de un líquido rosa que recorre todo el motor y todas sus partes.

Cuando contactes con personas, procura mirarlos a los ojos, sonreírles y mencionarles algo bueno que veas en ellos, ésta actitud de reconocimiento de las virtudes, hará que vayas afinando tu vista para reconocer lo bueno de cada ser. No dejes que nadie te cambie con su negatividad, transformarlos con tu actitud positiva.

Poner atención en el camino de símbolos, números y colores e inmediatamente revisar qué estás pensando, además de relacionarlo con una virtud de la vida, estar siempre atento, presente y consciente.

Observar los colores de cómo se visten las personas, muchas de ellas nos traen respuestas o señales de acuerdo al color que usan, hazte consciente de tu vestimenta, ponle consciencia a cada color, por ejemplo: cuando te vistes de violeta, azul y amarillo decreta "Hoy me visto de la magia de la transmutación. Hoy me visto de fuerza y camino con sabiduría". Si te vistes de verde, rosa y blanco decreta: "Hoy me visto de alegría, voy por la vida amando la belleza de mi ser"; si te vistes de naranja con rosa y amarillo decreta "Hoy me visto de prosperidad, el amor me encuentra donde quiera que voy, Yo Soy la inteligencia y la solución de toda situación en mi vida".

Esto también lo puedes hacer con tu ropa interior, mentalizar y energizar la ropa que llevas por dentro. Si a tu camino le vas colocando tu consciencia, de tu conciencia se va cargando todo por donde transites.

Cuando te montas en un transporte colectivo, avión o tren decreta:

"Me elevo por encima del pensamiento colectivo, me conecto con la fuente de luz que soy, enciendo mi mente y cargo mi energía con el poder de la vida que Yo Soy".

Cada paso que des aplícale el discernimiento, verás cómo tu vida se transforma. Cuando prepares tus alimentos procura estar contento, ya que la comida se carga del estado de tu consciencia. Sabías que tú formas parte del plato de comida que estás sirviendo, todo lo que tú hagas está cargado de tu energía, procura que tu energía esté limpia y pura. Practica una alimentación holística y consciente. En el momento que te vayan a servir la comida en un lugar, haz sonreír al que te la sirve, ya que todo es energía y todo se carga.

Pon intención, bendición y luz en cada uno de tus alimentos, pon las manos sobre el plato y envíales esa energía.

Sé tú la conciencia encendida que todo lo transforma, habla con tu casa, con los árboles, con lo que te rodea, todo te escucha, siente y carga de tu presencia.

Recuerda que es más lo que no vemos, que lo que vemos, el universo energético es inmenso. Tu luz puede iluminar todo sitio y lugar.

Agradece cada vez que puedas, la gratitud es un portal a la conciencia y la conciencia es un portal hacia el amor infinito del universo.

El agradecimiento es un estado de conciencia que instaura al alma con la totalidad de la existencia.

Mantén una disposición activa.

Agradece cada vez que puedas ir al baño, todo acto es sagrado y tienes que acompañarlo de la luz de tu conciencia.

Sonríe siempre, así no veas a nadie sonriendo, sonríe por estar vivo, sonreír es decir gracias a la vida.

Cuando hagas actividades que requieran esfuerzo físico, en vez de fruncir tu seño prueba sonreír, sonreír le da un impulso bioquímico a tus células, que hace que seas más fuerte, ya que tú fuerza no solo está en tus músculos, está en tu espíritu.

Canta, celebra, ríe y llora, mantén tu atención presente en cada momento y date cuenta que en cada instante esta la vida; que puedes bailar porque tienes piernas, puedes escuchar porque tus oídos funcionan, celebra que puedes hacerlo y sonríe.

Llora, llorar es terapéutico para el alma, es lavar tu cara con el amor de tu espíritu, es limpiarte, vive ese momento y agradece vivirlo, es un acto liberador.

Se amoroso, compasivo paciente y perdonador, ya basta de ser castigador de sí mismo.

Saluda, da amor a todo el que contactes, se consciente que la vida se carga de tu presencia y que cada alma que contactes, se verá beneficiada con la conciencia de luz que eres.

Si logras hacer sonreír a las personas que contactas, estás elevando la vibración planetaria en el plano físico, por lo tanto tu conexión con la red de evolución se hace más poderosa y más fuerte.

Vibrar alto, es sonreír, agradecer y estar atentos a todo lo que sucede en la vida sin escaparte del presente.

La baja vibración es la queja, la duda, el miedo, la rabia.

Cuando vayas de compras conéctate con la abundancia y se agradecido porque puedes comprar, lo que necesitas, al momento de pagar decreta:

"Yo Soy la abundancia universal, el dinero me alcanza para todo, todo el dinero que gasto vuelve a mi multiplicado". Yo contribuyo a la economía universal.

El dinero a llegar a mis manos multiplica su valor, un billete de 1$ se convierte en uno de 10$, uno de 10$ en uno de 100$ y asi sucesivamente.

Al realizar deporte y ejercicios, ve con la seguridad de que tú eres fuerte, que la fuerza está en tu ser, realiza cada movimiento con atención, mandando energía de poder a cada célula de tu cuerpo.

Mientras más grande sea la dificultad, más grande tiene que ser tu sonrisa.

Al ir a la cama a descansar, prepara tu mente, perdona todo, carga todas tus células de luz y tu habitación de amor, para descansar. Programa tu conciencia para viajar al plano de luz, donde esta la solución de cada situación para tu evolución.

Al aplicar toda esta serie de actividades en tu vida cotidiana, te permitirás vivir atento al momento presente, ya que al hacerlas te impulsará a relacionar todas las actividades que realices con el ser poderoso de luz que eres, fusionando tu corazón, tu mente y tu consciencia con cada instante, asimismo te ayudará a estar alerta y encontrar un punto de luz donde todo es oscuridad.

Son técnicas de aprendizaje donde aplicamos la nemotecnia que no es más que el proceso intelectual que consiste en establecer una asociación o vínculo para recordar una cosa.

Decretos para acceder a la red universal y a la red de evolución

Respira, párate firme, descarga la energía y decreta:

Me libero de todo tipo de condicionamiento externo.

Yo Soy el centro del poder de mi vida.

Yo declaro mi libertad y mi soberanía energética.

En mi energía mando yo.

Yo Soy soberano de mi vida.

Renuncio, descarto, desecho, elimino, bloqueo, anulo y acabo con toda la energía que pretenda perturbarme.

Dirijo mi atención sostenida, concentrada y disciplinada a todo lo que me hace bien, fuerte, positivo y me mantiene vibrando en luz.

Soy consciente de que mi energía transforma mi vida.

Por eso me hago consciente y me mantengo enfocado en lo que deseo manifestar.

Estoy encendido, estoy positivo, estoy fuerte, nada ni nadie me puede vencer y derrumbar.

Ante mi poderosa presencia todo lo negativo se extingue, porque Yo Soy la luz.

Me reconozco como un ser de orden y en mí habitan el poder, la sabiduría y el amor.

Cuando me reconozco, se acaba la imperfección y me convierto en uno con la luz.

Nos hicieron creer que no éramos perfectos, que no se podía ser alegre siempre, que la felicidad es de a ratos. Esto se acabó, acepto como mi verdad la alegría, la declaro y reconozco como mi estado natural.

No permitas que nada ni nadie cambie tu esencia, aparecerán muchos que intentarán cambiarte y se burlaran de ti, déjalos, ellos precisamente están allí para verificar si de verdad eres real y te mantienes auténtico y fiel a ti mismo. Aprende el fino arte de hacerte inmune a las opiniones que degradan tu ser.

Yo Soy una persona con vida alegre, todos los días de mi vida.

Cambia tu percepción, cambia tu realidad.

Entonces te pregunto:

¿Te sientes merecedor?

¿Te sientes digno?

¿Te sientes pleno?

Tu sentir es la clave.

Dependiendo de tus respuestas será tu conexión con la red. Si tu respuesta es no, hay que hacer la tarea de liberarnos de esas creencias de nuestra niñez, que no somos suficientes, ni valiosos, que tenemos que alcanzar una meta para lograr ser alguien, pero la verdad es que ya somos valiosos para abrir nuestra conciencia al campo de posibilidades.

La Emoción es poner la energía de la vida en acción.

Tu iluminación se manifiesta, cuando eres capaz de amar todos los aspectos de ti integrando tu luz y tu sombra. Ya que cuando aceptas tu sombra las conviertes en luz.

Has sido programado para no amarte, para buscar defectos y mirar lo que te falta, sin embargo hoy estas aquí para liberarte de todo ese condicionamiento.

Ya eres maravilloso, ahora que estás vivo.

Elévate por encima de las circunstancias, deja de identificarte con la escasez, de mirar lo que no tienes, comienza a vibrar en lo que si tienes.

Cada vez que te identificas con lo que te falta, con lo que no tienes, eso es lo que creas, todo está en el foco de tu atención.

Céntrate en la verdad que es tu abundancia, eres merecedor de todo lo grandioso, simplemente porque existes.

Tú eres cada instante una perfecta y grandiosa expresión de la vida.

Esa es la gran verdad, eres parte fundamental e indivisible de la red de evolución.

Eres el universo en miniatura.

Naciste para mostrar tu expresión, tu unicidad, tu ser auténtico.

Tu poder es la base con los que se construyen los multiuniversos.

Tu propio amor es lo que le da la estructura atómica a todo tu cuerpo.

Cada vez que te reconoces y te amas, te conectas, te haces más fuerte, aprendes a hacerte cargo de tus creaciones, a asumir y dirigir tu conciencia que es la que sostiene el poder de tu energía.

Ábrete a tu transformación, sé tu propio detective, viaja a tu galaxia interna, descubre, reconoce y abraza toda la rabia, miedo, dolor e ilumínala, reconócela, no la escondas, préstales atención, ya basta de hundirte a ti, eso te desconecta de ti mismo.

Tú eres el sol, tu universo, entonces presta atención a todas tus respuestas.

Verifica si todo lo que sale de ti viene de la conciencia o del miedo.

Vigila como reaccionas, cuando ves algo que no te gusta, de cómo sea tu respuesta interna, de rabia, dolor u odio será tu estado interior; ejemplo: Cuando ves a una persona golpeando a una niña indefensa, ¿cuál es tu reacción?

Seguro piensas, ¿por qué veo esto, será que es mi espejo? Pero si yo no golpearía a nadie así. Lo importante está en tu respuesta, ¿Qué piensas? ¿Qué sientes? ¿Qué deseas? Cualquier reacción emocional es una respuesta de miedo y quiere decir que te conectas con tu niño interno herido y dejas de conectarte con la conciencia que comprende la situación.

Si realmente has realizado la labor de integrar tu luz a tu oscuridad, la reacciones desaparecerían y te conectarías con el poder de tu conciencia que solo tiene compasión.

Cuando la rabia se apodera de ti, se está expresando ese niño en ti que no fue amado.

Hemos sido educados para huirle al miedo y precisamente está en nosotros integrarlo y reconocerlo, para así liberarnos.

El amor es la base de la transformación, ésta no se consigue con el intelecto.

Saber no basta, hay que integrar para sanar.

Voltea hacia ti. "Yo Soy el poder de la vida que atrae todo lo que necesito para mi evolución".

De manera consciente elimino toda resistencia que bloquea mi proceso de transformación. La culpa es la cárcel donde el ego encierra al ser.

Con la claridad que la responsabilidad se origina en la conciencia y la culpa en el ego, nada ni nadie tiene el poder de hacerme sentir culpable, pues asumo ser el responsable de todo lo que sucede en mi vida. Cada vez que nos ocupamos de nosotros mismos, nos hacemos responsables de nuestras CREACIONES Y LA CULPA MUERE...NO HAY PEOR VERDUGO QUE LA CULPA ella acaba con la paz del alma.

Nadie puede avanzar en paz de conciencia con la carga pesada de NO OCUPARSE DE SÍ MISMO.

No hay culpables afuera, la responsabilidad está en nosotros, en hacernos cargo de todo lo que pensamos, PREPÁRATE para vivir en CONCIENCIA, tú puedes ser un DISCIPLINADO sobretodo

MENTALMENTE, de verdad no hay escuela esotérica, iniciática, ni psicología, filosofía, ni de Coaching que te pueda formar mejor que tú mismo. CULTIVEMOS LA RESPONSABILIDAD EN NUESTROS hijos y se liberarán de la cárcel, de la culpa que es el mayor atraso para un SER que busca la EVOLUCIÓN.

HOY ASUMO CON MÁS FUERZA ESTOS COMPROMISOS

- Me hago responsable.
- Hoy soy parte de la solución.
- Vivo y asumo el desapego de las situaciones y las opiniones
- Afronto la situación.
- Soy proactivo.
- Soy positivo al 100%
- Hoy soy líder de mi vida, de mi mente, de mis pensamientos, palabras y emociones.
- Hoy me preparo para trascender, no hay limitaciones para un ser responsable pues en él reside la libertad de ser.

Eres lo que haces de ti cada instante. Cada instante tiene resonancia en la eternidad.

La vida es tu escuela de evolución donde unas veces eres maestro y en otros alumno.

No hay título académico que pueda definir la infinita profundidad de tu ser.

Pero para el EGO hay que decir, soy esto o aquello, soy Doctor en Ciencias de la Luz, soy Maestro Reiki, Soy Especialista en Neurociencia, Soy Actor, etc ...

- ▶ Se nos olvida que cada instante habla más de lo que somos, que el título.

- ▶ Eso para mí no significa nada. Edúcate para ver a las personas con el alma y cada instante que contactes con cada uno puedes ver, sentir y vibrar más allá de un título, que al fin y al cabo solamente llena al intelecto.

- ▶ Mejor vive con el amor de sentir y amar a cada ser por lo que es.

- ▶ Identifícate con tu alma, aunque aún vivas en una sociedad IDENTIFICADA por sus logros, por sus autos, por sus títulos...

- ▶ Utiliza tu inteligencia sensorial y sigue viendo el corazón, el alma, comprendo que este trabajo de amar a veces va por caminos lentos, pero sé que cada paso me lleva a la eternidad.

Descubre que cada instante eres todo y eres nada, simplemente soy la vida, la magia, el instante que decido vivir con amor y alegría.

Simplemente eres tú.

Yo Soy Infinito como la vida, grande como el amor e inagotable como la luz, te amo.

- ▶ ¿Quién eres tú?

Que no defina un título, ten la certeza que eres el instante, no hay más. La verdadera fortaleza de carácter está en mantenerte en centro aun cuando todo está fuera de él.

Cuando te sientes feliz, pleno con el corazón limpio y puro ayudas más a la vida que con cualquier práctica espiritual.

Porque tener una rabia es fácil, maldecir a alguien es fácil, responder agresivamente es fácil, fomentar el desorden es fácil y la gente gana hasta adeptos porque eso mueve el cerebro reptiliano. Los instintos más bajos, la parte más primitiva del ser, el verdadero trabajo está en amar a pesar del odio, está en conocer las causas, en tener compasión no lástima, en ver a los demás como los seres de luz que son y contemplar la verdadera función de la vida, muchos llegan a esta vida a causar caos externo, para que podamos lograr orden interno, porque no hay paz interna real, sin un desorden externo, ¿por qué creen que la gente va a la India por paz?, porque hay desorden y en el desorden hay que DESARROLLAR LA CAPACIDAD DE ENCONTRAR LA BELLEZA, es por eso que América Latina y en el caso VENEZUELA han despertado cantidad de personas y eso se debe a que la nueva espiritualidad va a venir del sur, ya la gente no va a buscar la India para despertar, irá al sur.

El verdadero reto de un ser despierto es encontrar la armonía en el caos, es tener abundancia en la escasez, es tener alegría en la tristeza y es mantenerse encendido en la oscuridad.

Esto requiere enfoque, disciplina mental, compromiso con la presencia de la vida en nosotros, con la energía universal.

Hay que trabajar señores, esto no es cuento de camino, hay que prenderse la luz en la frente y alumbrar nuestro camino y el de los demás.

Mantener la vibración alta con estado de gratitud y dicha permanente por reconocer la vida.

Te invito a unirte a esta nueva forma de pensar, a esta filosofía de luz, bien y transformación, que nos ayuda a estar en paz en todo y aun en la adversidad.

Hagamos el compromiso consciente de ser luz y de alimentar la vida con nuestro amor, es nuestra responsabilidad, ser generadores de bien.

Te amo, consciente de que solo la sabiduría de la vida dentro de mi, comprende que no hay ninguna virtud en odiar, la verdadera virtud está en amar a pesar de que todo te incite al odio.

La sencillez es la base de la sabiduría.

Mientras más sabía es una persona, sufre de menos complicaciones, pues su vida entera se convierte en solución, la verdadera enseñanza y el aprendizaje eterno se encuentra en lo simple, cotidiano y sencillo.

Convierte cada momento en una oportunidad de iluminación.

- La sencillez combina la dulzura y la sabiduría.
- Es claridad en la mente e intelecto, ya que surge del alma.
- No la hemos de confundir con la inteligencia del que se sabe erudito y así lo hace saber a los demás.
- Este saber, muchas veces, es la causa de una raíz de soberbia y arrogancia que la persona no es capaz de reconocer ni vencer.
- La humildad y la sencillez son las llaves que abren las puertas de la vida, pues abren las puertas del alma y dejan expresar el SER.

Lo real, lo verdadero y lo valioso se esconde bajo la apariencia de la sencillez. Las apariencias están para confundirte y desviarte de tu propósito.

No dejes que la sencillez del mensajero, te opaque la profundidad del mensaje, porque a veces los ojos te engañan y no sabes cuánto camino ha tenido que transitar ese mensajero para doblegar su ego y resaltar el mensaje.

He descubierto que la sencillez nos muestra el verdadero brillo del alma, el que logra ver la grandeza en lo sencillo ha escuchado la voz de su conciencia.

Voltea hacia ti.

Utiliza lupa y la linterna cósmica para ver hacia adentro, no te escapes de ti mismo.

Abraza lo que eres.

Cuando no aceptas todo lo que eres, tu energía se estanca, se hace lenta y no avanzas.

Hay que mantener un control mental absoluto de vigilancia y autorregulación de las emociones.

Ten la valentía de reconocerte, conéctate con tu conciencia y enciéndela, la energía responde a la honestidad y pureza de tu alma.

Me conecto para seguir en mi centro y no prestar atención a los pensamientos de limitación que genera el ego, me entrego a mi proceso y suelto todo lo que no funciona para seguir fluyendo.

"Cada instante que soy consciente se vuelve sagrado, cuando vivo en plena conciencia mi presencia se vuelve un decreto, mi vida completa es una meditación, Yo Soy una oración en acción".

No estás separado de la vida y de la conciencia universal, eres el sol, eres la tierra, eres la vida, estás aquí, ahora, para aprender a amar en todas tus dimensiones, en todas partes está ocurriendo tu evolución, en todo el tiempo continuamente. Tú eres la conciencia iluminada.

Cuando te alineas con quien eres y ordenas tus pensamientos comenzarás a conocer tu auténtica naturaleza, te integrarás con la fuente de energía y comprenderás que eres libre, poderoso, bueno, amor, valioso. Tu propósito es descubrirte, comprenderte y amarte a ti mismo. La labor interna requiere de tu esfuerzo iluminado que es cuando dejas de intentar lograr algo y darte un lugar para que el logro llegue a ti, no por lo que sabes, sino por lo que has logrado conquistar dentro de ti. Los procesos más efectivos son los que se viven con conciencia, aceptación e integridad de manera natural. El amor es la belleza que se expresa cuando te amas a ti mismo.

El portal que va a cambiar tu vida es el portal sagrado de tu mente alineada a tu corazón, esa es la llave que abre las puertas de tu conciencia.

Estamos aquí para crecer, avanzar y evolucionar en la vida. Para ser cada día mejores seres humanos. Hagamos la tarea de Ser.

Está en ti cada momento ser la conciencia que elige como vivir.

Si a todo lo que haces, le pones amor todo el que lo toque se verá beneficiado con esa energía, pues el amor siempre trasciende, llega y transforma todo lo que toca. Si logras poner el amor en todo lo que haces, habrás alcanzado la maestría de tu conciencia.

Para eso tienes que tener una suficiente responsabilidad energética, donde cada segundo vigilas como piensas, te conviertes en tu propio guardián de frecuencias, gestionador de tus emociones y en tu vigilante consciente, el auditor de cada instante, ya que sabes que todo lo que sale de ti, convertido en pensamiento, emociones palabras y actos volverá a ti con más fuerza. Tu energía cambia tu vida, tú eres el generador de todo lo que te sucede.

Entonces desde hoy sé consciente de convertirte en alegría, dicha, bienestar, paz, prosperidad y felicidad. Afírmalo, reconócelo y manifiéstalo como tu verdad.

Tú eres todo lo que estabas buscando.

ESENCIA + CIENCIA = CONCIENCIA

Recuerda todos los días leerte a ti mismo esta lectura, es un recordatorio diario de comenzar a leer el libro más importante, tú mismo. Entra en ti y por ti mismo, descubre lo sencillo que es vivir y ser felices. Jamás dejes que te invadan los miedos de afuera, o que la duda y los monstruos internos comanden tu nave de poder, que es tu alma y tu conciencia.

Nuestra labor diaria es saber discernir que no hay nada afuera que pueda mostrarnos la verdad, que lo único real, inmortal, fuerte y poderoso es la luz que está encendida dentro de nosotros, pero ¿qué pasa cuando cedes escuchar lo que dicen afuera?, apagas tu poder y lo único que logras es opacar tu energía. Todos los días ocúpate de leerte a ti mismo y de poner en práctica constante todo lo que aprendes que te beneficie, si ves que aprendes y no aplicas nada, hasta que no apliques a cabalidad lo que aprendes no sigas con más cosas.

Lo único que realmente te transforma es la práctica, sin vivencia no hay evolución.

Eres la unidad que cuando acepta su unicidad se convierte en todo, en el momento que decides hacer el amor con la vida, te das cuenta que el éxtasis está en todo, que el orgasmo de vivir amando se expande a toda la humanidad y que el día que aprendes a tenerte a ti mismo no necesitas a más nadie, simplemente te conviertes en el amor que vuela y transforma todo lo que contacta.

Deja que tu alma muestre sus flores, es mejor que gustes siendo tú mismo, que trates de agradar copiando a otro. Eres Original y mientras has ido creciendo has ido dejando de confiar en ti, en tu poder. Comprender es mejor cuando te ganas a ti. La vida está esperando tu esencia, la vida está esperando que muestres tu verdad, deja de esconderte tras el disfraz que intenta parecer algo que no es.

Atrévete a mostrar la esencia de tu ser como eres tú, naturalmente en libertad, nadie es quién para juzgarte, naciste para disfrutar la vida, para vivir en paz, para llenarte de amor y darlo, no para ser presa del miedo y esconderse tras una máscara. Naciste para abrir tus alas, volar, expandirte, mostrarte y florecer cada 24 horas. Todos los días es una oportunidad para volver a florecer y hoy es esa nueva oportunidad que tienes de regalar tu perfume al universo, de regalar el aroma exquisito de tu alma, a todos los que te rodean, ese olor ligero, ese olor a libertad, ese olor a paz del alma, que muy pocos lo pueden mostrar, porque sólo pocos se atreven a ser en realidad y a mostrar la verdad de su ser. Sé tú uno de ellos y muestra sin ningún complejo la libertad de tu alma.

Muestra tu ser, la belleza de tu vida, muestra el mensaje de amor que eres, muestra el mensaje de luz que eres. Saca de ti todos esos rayos de luz que iluminarán tu vida, iluminarán la vida de todos los que te rodean, brilla sin miedo, déjalo atrás y atrévete a dejar tu huella, a dejar tu marca, a trascender y convertirte en inmortal porque hiciste algo que marcó la vida de muchos, porque te atreviste a ser tú y eso siempre deja huella.

VIVE DESDE LA CONCIENCIA,

LA CONCIENCIA INTEGRA Y EL INTELECTO ACUMULA

- ♦ **El intelecto**, es la base del ego.
- ♦ **La conciencia**, es la base del amor.
- ♦ **El intelecto**, es tener conocimiento.
- ♦ **La conciencia**, es tener la vibración.
- ♦ **El intelecto**, se basa en las apariencias.
- ♦ **La conciencia**, se basa en la esencia.
- ♦ **El intelecto**, es acumular lo que sabes.

- **La conciencia**, es poner en práctica el sentir del corazón.
- **El intelecto**, enseña lo que sabe.
- **La conciencia**, transmite lo que es.
- **El intelecto**, se alimenta de títulos.
- **La conciencia**, se proyecta en el instante.
- **El intelecto**, suele ser complicado.
- **La conciencia**, está en lo sencillo.
- **El intelecto**, usa estrategias para amar.
- **La conciencia**, ama por naturaleza.
- **El intelecto**, busca reconocimiento externo.
- **La conciencia**, se reconoce a sí misma.
- **El intelecto**, es teoría.
- **La conciencia**, es práctica.

Cuando vives desde la conciencia te permites ser tú, te quitas un gran peso, que nos vamos colocando nosotros mismos, porque quieres complacer a todos en lo que todos quieren, no nos damos importancia y nos olvidamos de nosotros. No dejes que eso pase en ti, ponte de número uno y entrégate al proceso de la vida. Cuando tú te pones de número uno automáticamente los demás también se sienten contigo como un número uno, por la sensación que transmite una persona auténtica, poderosa y segura de sí misma.

Atrevete a vivir

Activo, Encendido y Positivo.

Conviértete en un generador de felicidad.

Un día me preguntaron ¿Quién eres? YO RESPONDÍ Una GENERADORA DE FELICIDAD.

y ¿Cómo es eso? Ya vienes tú con tu filosofía loca! ...

Una GENERADORA DE FELICIDAD es una persona que ha conquistado su autonomía, manifiesta, contagia y expande la alegría y la dicha a donde quiera que va. Maneja alta vibración y se ha conquistado a sí misma, ha logrado ser la dicha en persona.

Y ¿Cómo alguien puede hacer eso en este mundo en caos? Bueno, para eso tiene que lograr discernimiento, para lograr ver más allá de lo que ven los ojos. Requiere muchísima disciplina y una gran gestión física, mental, emocional y espiritual.

¡No todos lo logran porque pocos quieren disciplina! Quieren el resultado sin pasar por el proceso.

Y ¿qué pasa? ¿por qué yo no puedo hacerlo? Es más, te veo como una loca.

Lo que sucede es que tu comprensión de la vida está basada en lo que ves con tus ojos y para ver de verdad la vida, tienes que ver a través de la conciencia.

¿Conciencia?

Si, tu conciencia, tu intuición.

La mayoría están condicionados para el sufrimiento, el dolor y la queja, sistemas de creencias obsoletos, cuando la nueva educación es de elección, y yo elegí aprender y enseñar desde la alegría.

Pero ¿qué te pasa? la vida no es una fiesta.

Claro que sí, la vida es la fiesta y la fiesta Soy Yo, que estoy viva!, por eso enciéndete la luz de tu conciencia. Sal del rebaño y vuela hacia la libertad de vivir y transformar la existencia con tu vida.

Decreta:
Yo genero felicidad.
Yo Soy una planta generadora de alegría.
Yo Soy el motor que prende la vida.
Asume con valentía el poder de revelar tu ser auténtico.

Cada instante de autenticidad se vuelve una verdad que retumba en el universo.

Hace algún tiempo decían, ¡ten cuidado y no te juntes con esa mujer alegre! Siempre les parecí sospechosa a las personas! No era de fiar pues siempre estaba contenta!

¡Aléjate te puede contagiar de su locura!
Ella te va a decir que tú puedes hablar con los árboles, que el sol es tu amigo y que tienes un sol por dentro.

¡CÓMO ES ESO IMAGÍNATE eso no existe!
Que los pájaros le hablan al alma.
La vas a ver saludando a todo el mundo como su familia.

Apártate de ella, donde llega todos voltean y se ríen cuando la ven, corre de ese lugar, ella te va a convencer que DIOS eres tú mismo y que el poder de crear tu vida lo cargas todo el tiempo contigo.

Que veas lo bueno donde todo funciona mal, tratará de convencerte de que eres valioso porque estás vivo.

Imagina que si te ve un defecto o estás gordo ella ni te va a mencionar eso, todo lo contrario, se va alegrar porque estás vivo. Y eso es lo que te va a enseñar a identificar.

Ella es loca, anda diciéndole cumplidos a la gente que es eso de verdad, eso no es normal.

Lo peor del caso te va a decir que tú eres responsable de lo que sucede en tu vida, ¿Cómo es eso, acaso yo soy responsable de mí y del marido que tengo? Él me enamoró y yo no puedo dejarlo imagínate.

Además pretende venir a hablarme de Transformación vestida de mariposa, de felicidad vestida de unicornio, y de poderes con una ropa de arcoíris ...que le pasa, no es profesional.

Ella dice lo importante que es que tú te combines con lo que digas, es decir, que seas ÍNTEGRO, ¿Qué es eso de íntegro? De verdad no puedo con ella, está de MENTE.

Lo peor te hará creer a ti que no sirves para nada que TÚ ERES EL ÉXITO porque estás vivo ...Y QUE SOLO NECESITAS ESTAR ACTIVO, ENCENDIDO Y POSITIVO.

NO SE JUNTEN CON ELLA DE VERDAD O PELIGROSAMENTE EMPEZARAN A VIVIR Y SENTIR LA FELICIDAD.

Todo en este libro, está alineado con vivencias que han funcionado de manera perfecta en mi vida y en las de muchas personas. Además, cada capítulo está relacionado con una actividad que trae ejercicios para la conciencia. No es solo un libro para leer, es una guía práctica para que vivas activo, por eso enciéndete y activa una actitud poderosamente positiva, con disciplina para la vida, en cada momento estás potenciando al ser si constantemente estás dándote toques de conciencia, con la claridad de que en esta evolución sobre ruedas, tu energía cambia tu vida y solo así lograrás ser un campeón de la vida que aprendió a manifestar el arcoíris que brilla en su corazón y así conectarse a la red de evolución para alcanzar la maestría de la conciencia. Te ama Diannelys Ortiz...

El verdadero éxito está en ser feliz siendo tú mismo, donde sea y con quien sea.

Respira, siente y manifiesta:
La alegría es tu estado natural
El entusiasmo es tu motor
Tu alegría es tu fuente de poder
El amor tu vehículo.

QUE TRASCIENDE Y EXPANDE EL SER PODEROSO QUE YA ERES. Alégrate estás vivo, desde hoy asume que ¡TÚ eres el éxito!

www.ingramcontent.com/pod-product-compliance
Lightning Source LLC
Chambersburg PA
CBHW032130090426
42743CB00007B/536